Les mutations récentes de la justice administrative en Afrique francophone

Étude critique
à partir du modèle camerounais

Collection « Études africaines »
dirigée par Denis Pryen et son équipe

Forte de plus de mille titres publiés à ce jour, la collection « Études africaines » fait peau neuve. Elle présentera toujours les essais généraux qui ont fait son succès, mais se déclinera désormais également par séries thématiques : droit, économie, politique, sociologie, etc.

Dernières parutions

Placide MALUNG'MPER AKPANABI, *L'éducation aux valeurs chez les Ding orientaux en RDC, De 1885 à nos jours, tome 1, 2 et 3, 2019.*
Jérôme TOUNG-NZUE, *Réalités du pouvoir au Gabon et fondements du blocage sociopolitique*, 2019.
NIAMKEY-KOFFI, *Révolution et liberté*, 2019.
Maurel Sosthène ONOMO ETABA, *Coopération internationale et terrorisme en Afrique, L'expérience africaine du droit de poursuite terrestre,* 2019.
Jean OTEMIKONGO MANDEFU YAHISULE, *La gouvernance universitaire au Congo-Kinshasa*, 2019.
Emmanuel KASONGO MUNGONGO, *La gouvernance des entités territoriales décentralisées, Défis et enjeux de la gestion des finances publiques communales à Kinshasa,* 2019.
Paul AKOGNI, Arthur VIDO et Didier Marcel HOUÉNOUDÉ (dir.), *Le patrimoine historique au service du développement du Bénin,* 2019.
Marie Rose BANGOURA, *Gestion des déchets solides ménagers et ségrégation socio-spatiale dans la ville de Conakry,* 2019.
Ayrton AUBRY, *Le G5 Sahel, Le Nouveau Régionalisme Sécuritaire en Afrique du Nord-Ouest,* 2019.
Jules Maps BAGALWA MAPATANO (dir.), *La décentralisation en Afrique au début du XXIe siècle, Réflexions à partir de l'expérience congolaise récente,* 2019.
Pascasie MINANI PASSY, *Burundi : Les relations interethniques et intra-ethniques. Et la réconciliation ?*, 2019.
Yaovi AKAKPO, *Le technocolonialisme, Agir sous une tension essentielle,* 2019.

Olivier FANDJIP

Les mutations récentes de la justice administrative en Afrique francophone

Étude critique à partir du modèle camerounais

L'Harmattan

Du même auteur

Le temps dans le contentieux administratif. Essai d'analyse comparative des droits français et des Etats d'Afrique francophone (à paraître, L'Harmattan)

5-7, rue de l'Ecole-Polytechnique, 75005 Paris
http://www.editions-harmattan.fr
ISBN : 978-2-343-16510-3
EAN : 9782343165103

Remerciements

Je remercie tous ceux qui, très nombreux,
m'encouragent sans cesse

Je remercie tout particulièrement monsieur le professeur Fidèle Mengue Me Engouang, Doyen honoraire de la faculté de droit de Libreville pour ses observations et quelques relectures qu'il a bien voulu m'accorder lors de l'élaboration de cet ouvrage

À

Oliver & Anooha Fandjip

Sommaire

Principales abréviations

AJDA	Actualité juridique (Droit administratif)
Art	Article
Bibl	Bibliothèques
CA	Cour d'Appel
CCA	Conseil du contentieux administratif (Cameroun)
CE	Conseil d'État français
CFJ/CAY	Cour fédérale de justice Chambre administrative de Yaoundé (Cameroun)
Coll	Collection
CS/AP	Cour suprême Assemblée plénière (Cameroun)
CS/CA	Cour suprême Chambre administrative
CS/CA/ADD	Cour suprême Chambre administrative Décision avant-dire droit
Dir	Sous la direction de
JCP	Jurisclasseur Périodique (Semaine juridique)
JCP	Semaine juridique. Juris-classeur périodique, édition générale
JCPA	Semaine juridique Edition Administration et Collectivités territoriales
Juridis Périodique	Revue de l'Association pour la promotion du droit en Afrique (Yaoundé)

Jug.	Jugement
LGDJ	Librairie Générale de Droit et de Jurisprudence
LPA	Les petites affiches
N°	Numéro
Ord	Ordonnance
Penant	Revue Penant
PUAM	Presses universitaires d'Aix-Marseille
PUF	Presses universitaires de France
RDIDC	Revue de droit international et de droit comparé
RDP	Revue du droit public et de la science politique
Rec.	Recueil Lebon
RFDA	Revue française de droit administratif
RIDC	Revue internationale de droit comparé
RJP (RJPIC) (RJPEF)	Revue juridique et politique (indépendance et coopération) (des États francophones)
RRJ	Revue de la recherche juridique
S(s)	Suivant (s)
S	Recueil Sirey
T	Tome
TA	Tribunal administratif
TC	Tribunal des conflits
TE	Tribunal d'État (Cameroun)
TGI	Tribunal de grande instance
Vol	Volume

Introduction

En Afrique francophone, on observe ces dernières années des réformes visant à consolider les différents modèles de justice administrative en vigueur[1] à savoir les modèles d'unité et de dualité de juridiction.

Il faut rappeler que l'unité de juridiction est le mode de règlement des litiges administratifs selon lequel un seul et même juge, notamment un juge ordinaire, connaît des affaires concernant l'administration et celles qui surviennent entre les particuliers. Cette approche, dite de l'unité du contentieux, très connue dans les pays anglo-saxons, s'oppose à celle de la dualité de juridiction adoptée en France et dans de nombreux pays africains comme le Cameroun. Cette seconde approche se caractérise par la création d'un ordre de juridiction dit administratif, donc un juge particulier, distinct du juge judiciaire, chargé du contentieux de l'administration. Il s'agit d'une juridiction indépendante, autonome au même titre que la juridiction judiciaire. C'est la traduction du principe de la séparation des autorités administratives et judiciaires.

Après ce bref rappel, on peut noter que les réformes qui s'opèrent au sein des différents modèles de justice administrative adoptés en Afrique francophone, tendent à améliorer les différents systèmes en présence[2].

Il convient de préciser l'environnement institutionnel global actuel (**I**) et l'évolution du contentieux administratif en Afrique francophone, en général (**II**), avant d'insister sur le cas du Cameroun (**III**).

---

[1] A. S. OULD BOUBOUTT, « Le contentieux administratif comparé en France et dans les pays d'Afrique francophone », *RDP*, n° 2/2013, p. 379.
[2] *Ibid.*

I. L'environnement institutionnel global

Avec l'avènement de la mondialisation, de nombreux États dans le monde ont connu des mutations, notamment, sur le plan juridique. Selon le professeur Didier Truchet, la question de la mondialisation s'ajoute à celle de la qualité et de la légitimité de la loi[3].

Dans ce contexte, le droit administratif, en particulier, et le droit public, en général, va connaître des changements notamment dans les pays d'Afrique francophone. En France, source d'inspiration des pays d'Afrique francophone, comme dans toute l'Europe, on note une diffusion des normes constitutionnelles dans l'ensemble des droits nationaux. Par exemple, sous la Ve République française, on observe que la Constitution s'est beaucoup affermie avec la naissance de la justice constitutionnelle[4].

Dans le même sens, la loi constitutionnelle du 23 juillet 2008 révisant cette Constitution a contribué, selon le professeur Michel Verpeaux, au renforcement de l'unité du droit public[5]. Pour Dominique Rousseau, la question prioritaire de constitutionnalité issue de cette réforme a transformé non seulement la culture juridique française, mais aussi les pratiques professionnelles, l'exercice des métiers du droit et le paysage juridictionnel[6].

---

[3] D. TRUCHET, *Le droit public*, Paris, PUF, coll. « Que sais-je ? », 2e éd., 2010, p. 122.

[4] F. GALLETTI, *Les transformations de l'État et du droit public en Afrique de l'Ouest francophone*, Thèse, Université de Perpignan, 2003, t. 1, p. 23.

[5] M. VERPEAUX, « Le juge administratif et la question préjudicielle de constitutionnalité », *in* C. Teitgen-Colly (dir), *Perspectives contentieuses des réformes de la justice administrative*, Paris, LGDJ, coll. « Systèmes droit », 2011, p. 78.

[6] D. ROUSSEAU, « La QPC, quels changements pour le droit ? », *in* R. Cabrillac (dir), *Quel avenir pour le modèle juridique français dans le monde ?*, Paris, Economica, coll. « Études juridiques », 2011, p. 61-70.

S'agissant du droit administratif en général[7], trois changements ont été observés. D'abord, la transformation au niveau de ses fondements. En effet, la notion de service public a été concurrencée par celle de puissance publique en tant que base du droit administratif, du droit public ou encore de l'État[8]. Ce droit est « devenu aujourd'hui également, et peut-être d'abord, un droit de la contractualisation »[9].

Ensuite, la règlementation est concurrencée par l'intervention de la régulation. Il s'agit de la perte du monopole par la loi. La loi est désormais concurrencée par l'élargissement des pouvoirs normatifs des personnes publiques. Il s'agit de la mise en place de la « délégalisation », d'un « recours aux lois-cadres, aux lois d'habilitation, aux lois d'orientation parlementaires »[10].

Enfin, les moyens d'action de l'administration ont aussi évolué. Il s'agit de l'émergence des actes administratifs bilatéraux à côté des actes dits unilatéraux. La puissance publique « s'autorise la passation de contrat de droit commun, identique à ceux auxquels font recours les particuliers et conduisant à une gestion des services publics industriels et commerciaux avec les conséquences que ceci entraîne comme, par exemple, la compétence du juge judiciaire »[11]. Selon le professeur Maryse Deguergue, le droit de la responsabilité administrative, au regard de ses transformations, est devenu une vaste fresque en

---

[7] Né de la hantise du pouvoir judiciaire en 1789, le droit administratif est le produit de la justice administrative. Voir M.-H. RENAUT, *Histoire du droit administratif*, Paris, Ellipses, 2007, p. 3.

[8] J.-M. RAINAUD, *La crise du service public français*, Paris, PUF, coll. « Que sais-je ? », 1999, n° 3482, cité par F. GALLETTI, *Les transformations de l'État et du droit public en Afrique… op. cit*, p. 24.

[9] J.-M. PONTIER, « Le droit administratif français », *in* C.-A. Dubreuil (dir), *L'évolution du droit administratif en France et en Russie*, Paris, PUF, coll. « Thémis/Essais », 2016, p. 9.

[10] J. CHEVALLIER, D. LOOSCHAK, *Science administrative*, Paris, LGDJ, 1978, t. 1, p. 430.

[11] F. GALLETTI, *Les transformations de l'État et du droit public en Afrique… op. cit*, p. 30.

voie de recomposition[12]. On en est souvent venu à se demander si le droit public survivra de cette contractualisation[13].

Dans un tel contexte, le juge administratif est investi de nombreuses missions. Il assure le « respect par l'administration des règles de droit dont il a, désormais lui aussi, la maîtrise »[14]. Le juge administratif doit « arbitrer les compétences entre l'État et les collectivités territoriales décentralisées, et se trouve au cœur du débat entre compétences administratives traditionnelles et interventions dans les secteurs jusqu'alors réservés à l'initiative privée. Du fait de l'intervention dans les services publics des personnes juridiques non publiques, il est devenu souvent le juge des personnes privées, soumises par exception, au droit administratif »[15]. L'on comprend aussi pourquoi les gouvernements nationaux, face à des questions dont les solutions ne peuvent être trouvées solitairement, se munissent

---

[12] M. DEGUERGUE, « Préface », *in* A. FRANK, *Le droit de la responsabilité administrative à l'épreuve des fonds d'indemnisation*, Paris, L'Harmattan, coll. « Logiques juridiques », 2008.

[13] Abondant, d'une manière générale, dans le même sens, M. Jacques Caillosse affirme qu'il « [...] existe bel et bien du droit public et du droit privé. Mais au-delà de cette affirmation, l'incertitude commence. À l'origine de cette invitation au doute, deux raisons majeures. D'abord, nos deux droits sont de plus en plus interdépendants, ils progressent en s'observant et en s'inspirant mutuellement : à la privatisation du droit public répond la publicisation du droit privé. Ensuite, et surtout, le tracé de la frontière où se séparent nos deux régions juridiques est d'une rare complexité. Loin de faire apparaître deux modèles juxtaposés et clairement délimités, il traverse chacun des deux mondes où il dessine, selon une logique qui n'appartient qu'aux juges, une multitude de figures instables » (J. CAILLOSSE, *La Constitution imaginaire de l'administration. Recherche sur la politique du droit administratif*, Paris, PUF, coll. « Les voies du droit », 2008, p. 120). À côté de ces changements liés à la mondialisation du droit et de l'économie, se développe aussi une sorte de « criminalisation du droit public ». (F. GALLETTI, *Les transformations de l'État et du droit public en Afrique... op. cit*, p. 33 ; *Le Juge Pénal Nouveau juge de la responsabilité des agents publics et des élus? Une manifestation d'un droit administratif en mutation*, Paris, L'Harmattan, coll. « Logiques juridiques », 2000, préface de Louis Constans, 176 p, du même auteur.

[14] M. GROS, *Droit administratif. L'angle jurisprudentiel*, Paris, L'Harmattan, coll. « Logiques juridiques », 4e éd., 2012, p. 32.

[15] *Ibid.*

davantage de moyens communs qui dépassent le cadre des États afin de les résoudre[16].

En Afrique francophone, pareillement, on assiste à une émergence de la justice constitutionnelle malgré ses « ambiguïtés »[17]. Dans ce même contexte, le droit administratif en Afrique francophone connaît aussi des évolutions. En effet, de plus en plus, les États africains recourent au procédé de contractualisation incité par ce contexte nouveau de libéralisation économique[18]. On observe une harmonisation des jurisprudences et une mise en ordre des normes organisant les services publics sans pour autant remettre systématiquement en cause le droit d'origine français[19].

II. L'évolution et les traits de la justice administrative en Afrique francophone

Pour bien identifier la justice administrative en Afrique francophone, il faut procéder à une étude de sa genèse (**A**) et de ses caractères (**B**).

---

[16] Il s'agit notamment des questions comme celles du trou d'ozone, les maladies épidémiques, la gouvernance d'Internet, les risques atomiques et chimiques, le terrorisme, l'utilisation non destructive des ressources maritimes. Voir S. CASSESE, « La globalisation du droit », *in La conscience des droits, Mélanges en l'honneur de Jean Paul Costa*, Paris, Dalloz, 2011, p. 113 ; M. DELMAS-MARTY, « Les processus de mondialisation du droit », *in* G.-A Morand (dir), *Le droit saisi par la mondialisation*, Bruxelles, Bryulant, 2001, p. 172.

[17] M. DIAKHATE, « Les ambiguïtés de la juridiction constitutionnelle dans les États de l'Afrique noire francophone », *RDP*, n° 3/2015, p. 785.

[18] C. SIETCHOUA DJUITCHOKO, « Recherches sur la concession en droit administratif camerounais dans le contexte de libéralisation économique de la fin du XXe s », *Revue internationale de droit africain*, n° 56/2003, p. 7-29.

[19] A. BADARA FALL, « Le droit africain a-t-il sa place dans le droit comparé ? », *in* J. Dubois de Gaudusson (dir), *Le devenir du droit comparé en France*, PUAM, 2004, p. 165.

A. La genèse de la justice administrative en Afrique francophone

En général, avant la période coloniale, on peut dire que le contentieux administratif en Afrique s'opérait dans un cadre traditionnel. Il était l'œuvre des autorités coutumières qui s'appuyaient essentiellement sur la conciliation[20]. En effet, la conciliation est prioritaire dans l'approche africaine de la justice. Elle « place la conciliation à un degré supérieur à toute autre technique juridique, pour régler ou prévenir les différends ». Cela dit, avant l'arrivée des colons, il prévalait une « organisation judiciaire moins spectaculaire [...] sinon davantage, efficiente » ainsi dénommée conciliation. Compte tenu du fait que les sociétés traditionnelles africaines sont patriarcales, collectives et communautaires, les différends opposant des individus étaient portés devant une autorité de la communauté.

Cette forme de justice ne désigne pas de gagnant encore moins un perdant, son but est de mettre en accord les parties et maintenir la communauté[21]. Certains auteurs y ont même vu un État de droit car dans les systèmes politiques africains précoloniaux, l'élection et la séparation des pouvoirs étaient des principes de gouvernement bien établis et dont la violation par le souverain était susceptible de provoquer sa destitution[22]. L'époque coloniale a conduit au recul de cette forme de justice[23]. La situation devait être modifiée avec la contingence coloniale.

---

[20] C. NTAMPAKA, *Introduction aux systèmes juridiques africains*, Presses universitaires de Namur, coll. « Travaux de la faculté de droit de Namur », 2005, 200p ; J. JOHN-NAMBO, « Quelques héritages de la justice coloniale en Afrique », *Droit et Société*, n° 51/52, 2002, p. 325 à 343.

[21] E. MICHELET, « La conciliation dans la procédure sénégalaise », *Penant*, n° 767/1980, p. 135.

[22] BASSONG MBOG, *Les fondements de l'État de droit en Afrique précoloniale*, Paris, L'Harmattan, coll. « Études africaines », 2007, 387p ; A. BADARA FALL, « Le droit africain a-t-il sa place dans le droit comparé ? », *op. cit*, p. 164.

[23] S. NGOUNDOS IDOURAH, *Colonisation et confiscation de la justice en Afrique. L'administration de la justice au Gabon, Moyen-Congo, Oubangui-*

En ce qui concerne la période de la colonisation, en commençant par les pays de l'Afrique du Nord, on notera que c'est à l'époque des refus opposés par l'Italie à la volonté de la France de mettre un terme au régime des capitulations en Tunisie que la justice administrative au sens de la tradition juridique francophone s'installe dans ce pays[24]. En effet, c'est le décret beylical du 27 novembre 1888 qui en est l'origine. Il a aussi contribué à la mise en place de la justice administrative au Maroc.

Au Maroc, en effet, c'est le décret royal du 12 août 1913 qui consacre la juridiction administrative en mettant en place un système d'unité de juridiction. Ce sont les juridictions ordinaires qui connaissaient, dans un domaine bien restreint, des litiges administratifs[25]. Ce modèle va évoluer vers la mise en place de la Chambre administrative de la Cour suprême chargée du contentieux de l'excès de pouvoir. C'est une unité structurelle avec une dualité dans le fonctionnement. On précisera que le plein contentieux relevait de la compétence des juridictions de droit commun.

En Algérie, on a assisté dans un premier temps à un modèle moniste. Le contentieux administratif et judiciaire était tranché par le Conseil d'administration lié à la présence militaire française. Cet organe va changer de dénomination et deviendra Tribunal administratif puis Conseil du contentieux. Ceci va conduire, dans un second temps, à un modèle dualiste de justice administrative. En droit égyptien, par contre, la naissance du

---

Chari et Tchad : de la création des colonies à l'aube des indépendances, Paris, L'Harmattan, coll. « Études africaines », 2001, p. 223.

[24]R. CHAPUS, « Aux sources du régime du contentieux administratif tunisien : du protocole franco-italien du 25 janvier 1884 au décret beylical du 27 novembre 1888 », *Revue tunisienne de droit*, 1966/1967, p. 90.

[25]M. ROUSSET, « Le contentieux administratif au Maroc. Des juridictions françaises à l'unification des tribunaux », *Annuaire de l'Afrique du Nord*, 1965, p. 117 et s ; O. DEVAUX, M. LOUIS MARTIN, « La justice au Maroc à l'époque coloniale », *in* M. Badji, O. Devaux (dir), *De la justice coloniale aux systèmes judiciaires africains contemporains*, Presses de l'université des sciences sociales de Toulouse, 2006, p. 315.

contentieux administratif a été liée à la mise en place d'un Conseil d'État en 1946[26].

En Afrique au sud du Sahara, le contentieux administratif était aussi lié à la présence française. Il avait été mis en place les Conseils du contentieux administratif avant les indépendances[27]. Le Conseil d'État français était le second degré de juridiction[28]. Les Conseils du contentieux représentaient donc les premières juridictions administratives mises en place depuis 1881[29]. Ainsi, au Cameroun, le Conseil du contentieux administratif fut créé le 14 avril 1920 et au Gabon par le décret du 5 août 1881.

Toutefois, au courant de cette période coloniale, il faut distinguer celle qui a directement précédé l'indépendance, c'est-à-dire la période de l'autonomie interne. Si dans la plupart des anciennes colonies françaises, on note, dans un premier temps, la présence des Conseils du contentieux administratif[30], la dénomination va changer pendant cette période de l'autonomie interne. Au Gabon, cela correspond à la période entre 1959 et 1960 où la loi du 22 juin 1959 mettra sur pied le Tribunal administratif de Libreville, la seule juridiction administrative dans tout le pays, statuant en premier et dernier ressort. En effet, relève un observateur, « loin de constituer une innovation majeure, il s'agissait en réalité d'une "nationalisation" de l'ancien Conseil du contentieux administratif qui devenait, pour

---

[26] Plus amplement, A. S. OULD BOUBOUTT, « Le contentieux administratif comparé en France et dans les pays d'Afrique francophone », *op. cit*,. p. 379.

[27] Voir décret du 17 avr. 1953 pour le cas de Madagascar ; ordonnances du 21 août 1825 et du 9 févr. 1827 pour les iles Bourbon et Antilles ; décret du 13 déc. 1944 pour Dakar ; 16 oct. 1946 pour Brazzaville ; 23 nov. 1954 pour le Togo ; 8 juil. 1952 pour le Cameroun ; 5 août 1881 pour La Réunion, Martinique, Guadeloupe.

[28] G. MANGIN, « Les structures de l'appareil juridictionnel », *Encyclopédie Juridique de l'Afrique*, t. 1, Dakar, Nouvelles éditions africaines, 1982, p. 247.

[29] D. COSTA, *Contentieux administratif*, Paris, LexisNexis, coll. « Objectif droit cours », 2011, p. 7.

[30] Au Sénégal voir DEMBA SY, « Près de deux siècles de justice administrative au Sénégal Entre continuité et changement », *in* M. Badji, O. Devaux (dir), *De la justice coloniale aux systèmes judiciaires africains contemporains*, *op. cit*, p. 182 et s.

la circonstance, une juridiction nationale »[31]. Au Cameroun, on parlera, par contre, de Tribunal d'État créé par le décret n° 59/83 du 14 juin 1959[32]. Mais, depuis les indépendances, ces pays d'Afrique francophone se sont dotés de juridictions administratives sous diverses formes, lesquelles ont beaucoup évolué dans le temps.

B. Les mutations récentes et les caractères de la justice administrative en Afrique francophone

Il convient d'analyser, respectivement, les évolutions récentes (1) ainsi que les caractères de la justice administrative (2) dans ces espaces.

1. Les mutations récentes de la justice administrative en Afrique francophone

Parvenus à l'indépendance, les pays d'Afrique francophone[33] ont opté pour des modèles différents, sans remettre en cause le principe de la séparation des autorités administratives et judiciaires hérité du droit français. En effet, qu'il s'agisse de l'adoption d'un système moniste qui confie le contentieux administratif aux juridictions de droit commun ou dualiste avec la création des juridictions spéciales en matière administrative, les procédures applicables devant ces juridictions administratives sont restées particulières donc différentes de celles en vigueur devant les juridictions de droit commun. C'est ainsi, par exemple, que l'exigence du recours gracieux préalable

---

[31] H.-C. NGANGUI, *Contribution à l'étude du contentieux administratif au Gabon*, Thèse, Université de Reims Champagne-Ardenne, t. 1, 2006, p. 22.

[32] Les autres territoires africains qui étaient occupés par les pays autres que la France n'avaient pas de juridiction administrative. Ils réglaient le contentieux administratif par les administrateurs coloniaux ou encore les conseils provinciaux. La justice administrative prise dans le sens de la séparation des autorités administratives et judiciaires n'existait véritablement pas. C'est l'exemple des territoires occupés par le Portugal et la Belgique. A. S. OULD BOUBOUTT, « Le contentieux administratif comparé en France et dans les pays d'Afrique francophone », *op. cit*, *ibid.*

[33] Voir J. VANDERLINDEN, *Aux sources des droits africains contemporains*, Paris, Institut de droit comparé, 1975, p. 55 et 69.

représente l'un des éléments singuliers de la procédure administrative contentieuse devant ces juridictions.

On peut relever qu'en Afrique du Nord, le Maroc avait opté pour l'unité de contentieux avec une dualité dans son fonctionnement. Cette formule va être adoptée dans certains pays en Afrique au sud du Sahara. C'est le cas en Guinée, au Congo, au Togo, en Côte d'Ivoire, dans les Îles Comores, en Mauritanie et au Sénégal. Le Sénégal fut le premier pays à opter pour l'unité de juridiction suite à l'indépendance. Il faut rappeler que la justice administrative dans ces pays d'Afrique au sud du Sahara avant les indépendances était assurée par les Conseils du contentieux administratif installés dans l'ensemble de ces pays. Il en existait un pour l'Afrique occidentale française basé à Dakar au Sénégal et un autre pour l'Afrique équatoriale française situé à Brazzaville[34].

---

[34] En dehors de ces pays africains ralliés à la tradition juridique française, le modèle d'unité juridictionnel était en vigueur dans d'autres pays. C'était le cas au Ghana, en Guinée-Equatoriale, en Ile Maurice, en Guinée-Bissau, au Sao Tomé & Principe, au Cap-Vert, au Mozambique. Ces pays appliquent essentiellement le système de Common-Law. Il y a aussi le cas des pays un peu proches du modèle français comme la Belgique qui appliquaient le système d'unité de juridiction en plein contentieux dans les pays comme le Rwanda, la République démocratique du Congo et le Burundi. Les pays qui initialement n'étaient pas ralliés à la tradition juridique française ont eu des penchants pour le dualisme juridictionnel. Il en est ainsi de la République démocratique du Congo qui, avec la Constitution du 18 février 2006, a opéré une subdivision de la Cour suprême de justice en Cour constitutionnelle, Conseil d'État et Cour de cassation (http://www.leganet.cd/Legislation/Droit%20Judiciaire/OL.82.017.31.03.1982.htm, Consulté le 12 nov. 2015 à 15 h 26 mn). Désormais au Burundi, la Chambre administrative de la Cour suprême est chargée de juger en appel les décisions des juridictions inférieures en matière de responsabilité. Il s'agit des Cours administratives nouvellement mises sur pied (Loi du 14 janv. 1987 portant réforme du code de l'organisation et de la compétence judiciaire ; loi du 25 févr. 2005 régissant la Cour suprême, art., 34, 37). Les pays comme la Guinée-Bissau (Constitution du 16 mai 1984. Voir http://mjp.univ-perp.fr/constit/constitintro.htm. Constitutions du Monde), le Cap-Vert, n'appartenant pas eux aussi au modèle français, ont prévu qu'éventuellement des juridictions administratives pourraient être mises sur pied. Dans le premier cas, l'article 93 de la Constitution du 16 mai 1984 dispose que « l'existence des tribunaux exclusivement destinés au jugement d'une certaine catégorie d'infractions est interdite. Sont exceptés des dispositions du numéro précédent

Il y a eu des changements intéressants concernant ces pays de tradition juridique francophone. En effet, on a observé des glissements allant du système moniste vers le dualisme juridictionnel. Ainsi, en Algérie, on a vu naître des Tribunaux administratifs notamment en 1998 à la suite de la mise en place deux années auparavant d'un Conseil d'État. Le cas le plus intéressant concerne le Maroc. Modèle d'unité de juridiction de référence parmi ces pays, le Maroc a mis en place en 1996 des Cours d'appel de l'ordre administratif. Déjà, cinq années auparavant, des Tribunaux administratifs avaient été créés notamment en 1991[35].

De même, parmi les pays d'Afrique au sud du Sahara qui avaient opté pour le modèle d'unité de juridiction, certains se sont un peu penchés vers le modèle dualiste. C'est le cas du Sénégal qui avait, en 1992, mis en place un Conseil d'État avant de revenir à l'ancien modèle de Cour suprême encore en vigueur en matière d'excès de pouvoir[36]. On peut aussi noter l'exemple de Djibouti, qui après avoir gardé le Conseil du contentieux administratif hérité de l'époque coloniale, l'a récemment, en 2009, remplacé par un Tribunal administratif juge de premier ressort en matière administrative.

D'autres pays, à l'opposé, ont opté pour un système dualiste. Il s'agit du Bénin[37], du Mali[38], de la Tunisie[39], de Madagascar[40],

---

les tribunaux militaires dont la compétence s'exerce dans le jugement des infractions de même nature, qui pour des motifs pertinents leur sont équivalents ; les tribunaux administratifs, fiscaux et des comptes ». Au Cap Vert, l'alinéa 2 de l'article 228 de la Constitution dispose qu'« il peut exister des tribunaux de l'ordre judiciaire de seconde instance et des tribunaux administratifs » (Voir art. 222 et 228, Constitution du 14 févr. 1981, version du 4 sept. 1992. http://mjp.univ-perp.fr/constit/constitintro.htm. Constitutions du Monde)

[35] A. S. OULD BOUBOUTT, « Le contentieux administratif comparé en France et dans les pays d'Afrique francophone », *op. cit*, *ibid.*

[36]http://www.gouv.sn/Loi-organique-portant-creation-de.html.

[37] Loi n° 2001/37, 10 juin 2002, portant organisation judiciaire au Bénin.

[38] Loi n° 61/55/AN/RM, 15 mai 1961, portant organisation judiciaire au mali.

[39] Loi n° 72/40 du 1 juin 1972 relative au tribunal administratif.

[40] Voir http://madarevues.recherches.gov.mg/? Dix-ans-de-jurisprudence.

de la République centrafricaine, du Tchad[41]. Il faut surtout y ajouter le Cameroun et le Gabon. En effet, dans la plupart de ces pays, la justice administrative est insérée au sein de la plus haute juridiction à savoir la Cour suprême dont la Chambre administrative connaît en premier ressort le contentieux administratif à charge pour l'Assemblée plénière de statuer en appel contre les jugements rendus par ladite Chambre. Cela dit, les autres juridictions, notamment judiciaires, ne connaissent pas des matières administratives.

Dans ces systèmes également, des réformes ont été observées. C'est le cas en République centrafricaine où, selon l'alinéa 2 de l'article 85 de la Charte constitutionnelle du 18 juillet 2013, « la justice est rendue [...] par la Cour de cassation, la Cour des comptes, le Conseil d'État et les Cours et Tribunaux »[42]. C'est le cas également au Burkina Faso où la loi organique du 23 mai 2000 a mis en place un Conseil d'État chargé de connaître en appel les décisions rendues par les Tribunaux administratifs. Il s'agit, selon l'article 1er de ce texte, de la « juridiction supérieure de l'ordre administratif ». Des réformes sont également observées en Tunisie[43] et à Madagascar[44].

2. Les traits de la justice administrative en Afrique francophone

Le droit administratif des pays africains de tradition juridique francophone se caractérise de nos jours, d'une part, par la « prépondérance des sources écrites et l'autonomie des règles applicables », et, d'autre part, par un « réaménagement du

---

[41] A. S. OULD BOUBOUTT, « Le contentieux administratif comparé en France et dans les pays d'Afrique francophone », *op. cit*, *ibid*.
[42] Voir http://mjp.univ-perp.fr/constit/cf2013.htm.
[43] Loi organique n° 96/38, 30 juin 1996 relative à la répartition des compétences entre les Tribunaux judiciaires et le Tribunal administratif et à la création d'un Conseil des conflits de compétence.
[44] Art. 121 de la Constitution du 11 déc. 2010.

régime de l'organisation administrative et surtout par une montée en puissance du juge administratif »[45].

D'abord, contrairement au droit administratif français qui s'est beaucoup forgé et se forge encore avec l'apport de la jurisprudence, celui des pays d'Afrique francophone est beaucoup plus légiféré et ce depuis son importation à l'époque de la présence française sur ce continent. C'est ainsi qu'à la suite de leur indépendance, ces pays ont, pour la plupart, mis en place des textes organisant la justice administrative. Ainsi, analysant le droit administratif ivoirien, le professeur Alain Serges Mescheriakoff a pu relever le caractère négligeable « des sources jurisprudentielles » tout en reconnaissant une « importance relative aux sources écrites. Pareillement, le professeur Jean-Claude Gautron soulignait que « le droit administratif sénégalais est un droit principalement écrit (lois et règlements), à la différence du droit français qui est le résultat d'une longue évolution jurisprudentielle et dont le caractère prétorien est communément admis »[46].

Ensuite, ce caractère essentiellement textuel réduit l'apport de la jurisprudence. Dans ces conditions, le juge administratif ne dispose pas d'un office considérable. La jurisprudence est « bien une source formelle du droit administratif [...] mais elle n'est qu'une source accessoire qui ne s'affirme véritablement que dans le silence de la loi ». Autrement dit, « le caractère jurisprudentiel du droit administratif connaît un infléchissement dans les États africains de succession française où le juge se comporte plus comme un serviteur de la loi que comme un créateur d'un droit spécial applicable à l'administration. S'inscrivant dans la facilité de la raison écrite, le juge s'évertue

---

[45] S. YEDOH LATH, « Les caractères du droit administratif des États africains de succession française. Vers un droit administratif africain francophone ? », *RDP*, n° 5/2011, p. 1255- 1256 ; P. MOUDOUDOU, « Les tendances du droit administratif dans les Etats d'Afrique francophone », *RJP*, n° 1/2010, p. 74 et s.

[46] Propos rapportés par M. S. YEDOH LATH, « Les caractères du droit administratif des États africains de succession française. Vers un droit administratif africain francophone ? », *op. cit*, p. 1255- 1256

plus à l'interprétation et à l'application de la règle de droit administratif qu'à la créer par son œuvre juridictionnelle »[47].

Enfin, dans les pays d'Afrique francophone, l'action du juge administratif reste limitée par deux obstacles majeurs. Le premier concerne l'accès au prétoire. Il apparaît limité par deux exigences notables à savoir les formalités préalables et la règle des délais. Ici, de nombreuses requêtes sont souvent rejetées par le juge « même lorsque l'expiration de ce délai est la conséquence de l'introduction par ignorance de plusieurs recours administratifs successifs »[48].

Le second porte sur l'impossibilité, exception faite des pays comme le Gabon, pour le juge administratif d'adresser, comme son homologue français, des injonctions à l'administration. Cette impossibilité est liée au principe de la séparation des autorités administratives et judiciaires. De ce point de vue, il y a un « obstacle dans l'exécution des décisions de justice prononcées à l'encontre de l'administration », et « il n'est pas rare d'observer une certaine résistance ou même un refus de l'administration à l'exécution des décisions de justice »[49].

Par ailleurs, du point de vue des pouvoirs juridictionnels, par rapport au juge administratif français, les juges africains restent peu audacieux. En effet, ces juges ne peuvent véritablement pas agir comme des « experts du droit capable de dire ce que signifie la loi et de faire cadrer des législations imparfaites avec la totalité du système juridique »[50] dès lors que leur indépendance n'est pas bien assumée à l'égard de l'exécutif. Leurs décisions sont même parfois bafouées par l'administration.

---

[47] *Ibid.*
[48] *Ibid.*
[49] *Ibid.*
[50] A. DONSOU, « Acteurs politico-institutionnels et État de droit constitutionnel en Afrique », *in* M. Moustapha Aidara (dir), *A l'ombre du droit*, Paris, L'Harmattan, 2013, p. 179.

Cela est aussi lié à son histoire. L'histoire politique des pays africains laisse apparaître le fait que depuis la « naissance du jeu politique, le juge s'est trouvé historiquement subordonné au pouvoir politique »[51]. Les juges en Afrique, à l'instar du juge administratif, semblent n'avoir pas entièrement acquis leur indépendance à l'égard des autres pouvoirs[52]. Autrement dit, en Afrique, « la légitimité juridique n'a pas de véritables racines juridiques dans la tradition politique africaine ». L'histoire politique de ces États est « marquée par l'héritage négatif des pratiques autoritaires depuis les indépendances »[53].

En dehors de ces caractères liés à l'organisation et au fonctionnement des juridictions administratives, d'autres caractères sont liés au contexte socio-culturel. En effet, il convient de préciser que certaines situations comme l'analphabétisme des populations rendent difficile dans certains cas la diffusion des normes.

Un observateur indique, parlant notamment du Cameroun, que « dans les conditions où, pour l'essentiel, les populations résistent pratiquement à l'alphabétisation occidentale et s'arc-boutent sur leurs langues et savoirs endogènes, les élites camerounaises usent de ce que l'on appelle le droit moderne comme un langage d'autistes. C'est d'ailleurs à peu près le cas pour toute l'ingénierie qui accompagne l'État-nation de type occidental »[54].

Le professeur Alioune Badara Fall va dans le même sens à propos des droits de l'Homme en Afrique, parlant de la Charte africaine des droits de l'Homme et des peuples adoptée en 1981. En effet, affirme-t-il, « au-delà de l'originalité de ces droits de l'homme, leur effectivité semble être mise à mal par des réalités sociales, culturelles et religieuses auxquelles ils sont quotidiennement confrontés et qui sont d'une vivacité telle que

---

[51] *Ibid*, p. 176.
[52] *Ibid*, p. 181.
[53] *Ibid*, p. 178.
[54] P.-F. NKOT, *Usages politiques du droit en Afrique. Le cas du Cameroun*, Bruxelles, Bruylant, 2005, p. 151.

la conception même des droits de l'homme et leur utilisation dans la création de la règle de droit moderne- par opposition à la règle traditionnelle- s'en trouvent considérablement modifiées »[55]. C'est cela qui fait, conclut l'auteur, de « la quête de spécificité, d'universalité et d'effectivité de la charte africaine un dilemme juridique »[56].

Au Cameroun, les réformes de la justice administrative sont plus importantes et justifient le choix porté sur ce pays comme référent dans le cadre de la présente étude.

Les changements opérés ces dernières années sur le plan institutionnel, s'agissant des juridictions administratives dans les pays africains ont été marqués par une déconcentration des juridictions administratives, la création des juridictions constitutionnelles et des comptes. En effet, l'adoption des systèmes d'unité juridictionnelle qui apparaissait au début des indépendances dans les pays africains comme une contradiction à l'égard du modèle dualiste connaît depuis plusieurs années déjà un déclin significatif dans les pays africains[57].

Sur le plan structurel, le Gabon, par exemple, depuis les indépendances, tout comme le Cameroun, s'est doté des juridictions administratives plus autonomes. C'est ainsi que la loi du 20 novembre 1962, adoptée sur la base de la Constitution de 1961 avait créé la Chambre administrative de la Cour suprême. Une réorganisation judiciaire avait été opérée en juin 1978 et a créé des Sections administratives auprès des tribunaux de première instance. Ainsi, en 1960, le Gabon a consacré l'autonomie de son système judiciaire en le détachant des juridictions étrangères. En 1962, est créée une Cour suprême composée de quatre Chambres parmi lesquelles la Chambre

[55] A. BADARA FALL, « Universalité des droits de l'homme et pluralité juridique en Afrique. Analyse d'un paradoxe », *in La Constitution et les valeurs, Mélanges en l'honneur de Dmitri Georges Lavroff*, Paris, Dalloz, 2005, p. 360.

[56] *Ibid.*

[57] A. S. OULD BOUBOUTT, « Le contentieux administratif comparé en France et dans les pays d'Afrique francophone », *op. cit*, *ibid.*

administrative, puis, la réorganisation judiciaire qui est intervenue en 1994 en passant par la loi de 1984 relative au Code des juridictions administratives. En 2002, il y a eu la consécration de la Chambre administrative en Conseil d'État[58]. Ce sont ces nombreuses évolutions qui traduisent l'affermissement du dualisme juridictionnel gabonais parmi les pays africains de tradition juridique francophone.

Sur le plan formel, on doit aussi observer que les droits africains ont souvent fait preuve d'originalité. Des décisions courageuses ont souvent été observées comme l'affirme le professeur Maurice Kamto, notamment en matière de référé ou encore des droits de la défense[59]. Cela montre la particularité des mutations enregistrées dans ces législations.

En droit gabonais, le juge est très favorable à la faute de service en matière de responsabilité de l'administration. En ce sens, il a jugé qu'un mauvais diagnostic représente une « faute lourde imputable au service hospitalier »[60] engageant la responsabilité de ce service. Analysant la jurisprudence administrative récente au Gabon en matière de responsabilité, la doctrine relève une évolution du point de vue de sa diversité depuis 1960. Elle concerne les « préjudices trouvant leur origine dans le fonctionnement défectueux des services publics (sécurité ; santé ; justice), les décisions et actes matériels illégaux des agents de l'État, les dommages résultant d'ouvrages et travaux publics, et les préjudices relatifs au non-respect par l'État et les collectivités locales notamment de leurs engagements contractuels »[61]. L'auteur précise qu'à l'analyse de cette œuvre

---

[58] S. KWAHOU, *La justice administrative au Gabon : essai sur l'exercice de la fonction juridictionnelle en matière administrative*, Thèse, Université de Rouen, 2004, p. 21.

[59] M. KAMTO, « La fonction administrative contentieuse de la Cour suprême du Cameroun », *in* G. Conac et J. du Bois de Gaudusson, *LesCours suprêmes en Afrique. La jurisprudence administrative*, Paris, Economica, t. 3, 1988, p. 60 et s ; CS/CA, jug. n° 12, 26 janv. 1982, *Dame Binan née Ngo Djom*, *Penant*, n° 791/1986, p. 354, note Roger-Gabriel Nlep.

[60] CS/CA, 5 févr. 1980, *Orji*.

[61] S. KWAHOU, « L'état de la jurisprudence gabonaise en matière de responsabilité de l'administration », *RJP*, n° 3/2016, p. 379.

jurisprudentielle on observe « une extension lente mais progressive du contrôle de l'action administrative caractérisée par la variété des contentieux et des chefs de responsabilité ».

Toutefois, il ne faut pas ignorer le fait que dans la plupart de ces pays les juges sont habités par le « réflexe naturel » de s'inspirer des « solutions qui [leur] sont familières »[62], notamment dans la jurisprudence française. Qu'en est-il exactement du droit camerounais ?

III. Le cas du Cameroun

Au Cameroun[63], la justice administrative reflète certainement l'évolution politique et institutionnelle de ce pays. Comme le souligne la doctrine, les périodes de la « dépendance politique, l'autonomie interne, l'indépendance et la fédération, la marche

---

[62] G. PAMBOU TCHIVOUNDA, note sous CS/CA, 28 mars 1986, *Ignace Bibang*, *Penant*, 1986, p. 136.

[63] Situé dans le golfe de Guinée, en Afrique centrale équatoriale, le Cameroun compte près de 20 millions d'habitants, une superficie de 475 440 km². Sous l'égide de l'Allemagne, le Cameroun est divisé en deux régions. La région nord avec quatre résidences et la région Sud avec vingt-huit districts. Suite à la défaite de l'Allemagne lors de la Première Guerre mondiale (1914-1918), avant même que le mandat de la Société des Nations (SDN) ne soit accordé à la France et à l'Angleterre le 20 juillet 1922, les pays victorieux de l'Allemagne exercent déjà un pouvoir de fait sur ces territoires. Après la Seconde Guerre mondiale, le Cameroun est mis sous le régime de tutelle par l'ONU soit, trois quarts, à la France et un quart au Royaume-Uni. Le Cameroun oriental accède à l'indépendance le 1er janvier 1960. La République fédérale est proclamée le 1er octobre 1961. Mais la constitution adoptée le 20 mai 1972 et promulguée le 2 juin de la même année consacre la République unie du Cameroun (voir L. SINDJOUN, *L'Etat ailleurs. Entre noyau dur et case vide*, Paris, Economica, coll. « La vie du droit en Afrique », 2002, p. 10, 38 et 39 ; A. OWONA, *La naissance du Cameroun*, 1884-1914, Paris, L'Harmattan, 1996 ; R.-G NLEP, *L'administration publique camerounaise. Contribution à l'étude des systèmes africains d'administration publique*, Paris, LGDJ, coll. « Bibl. africaine et Malgache », 1986, p. 28 ; M. NJEUMA (dir), *Histoire du Cameroun*, Paris, L'Harmattan, 1989 ; L.-P NGONGO, *Histoire des institutions et des faits sociaux du Cameroun*, 1884-1945, Paris, Berger Levrault, t. 1, 1987, p. 73 et s).
H. WESSELING, *Le partage de l'Afrique, 1880-1914*, Traduit du néerlandais par Patrick Grilli, Paris, éd. Denoël,1996 ; H. GRIMAL, *La décolonisation, 1919-1963*, Paris, Armand Colin, 1965, p. 22).

vers l'unité institutionnelle correspondent, respectivement, à la création des conseils du contentieux, Tribunal d'État, cour fédérale de justice ainsi que la Cour suprême »[64]. Après le Conseil du contentieux administratif et le Tribunal d'État, il y a eu la Cour fédérale de justice et la Cour suprême, notamment la Chambre administrative, en passant par la Cour suprême (1961-1962).

Autrement dit, à la suite de son accession à l'indépendance le 1er janvier 1960, le Cameroun a adopté une Constitution en mars de la même année. Cette Constitution va mettre en place une Cour suprême. Celle-ci va être chargée des pourvois en annulation contre les arrêts du Tribunal d'État et va veiller au respect des compétences par les autres juridictions[65]. Avec la réunification des deux Cameroun, occidental britannique et oriental français par la Constitution fédérale du 1er septembre 1961, une Cour fédérale de justice composée d'une assemblée plénière et deux Chambres administratives, dont l'une à Yaoundé et l'autre à Buea, va naître. En 1972, c'est l'unification marquée par la naissance de la Cour suprême dotée d'une Chambre administrative[66].

S'agissant de ses récentes évolutions, la justice administrative au Cameroun, est partie de l'ordonnance n° 72/06 du 26 août 1972 relative à l'organisation et au fonctionnement de la Cour suprême dont la Chambre

---

[64] J.-C. ABA'A OYONO, *La compétence de la juridiction administrative en droit camerounais*, Thèse, Université de Nantes, 1994, p. 15-26 ; J. FOUMANE AKAME, « Les grandes étapes de la construction juridique au Cameroun », *Penant*, n° 764/1978, p. 188.

[65] Art. 1 et 2, loi n° 61/12 du 20 juin 1961, cité par J. OWONA, *Le contentieux administratif de la République du Cameroun*, Paris, L'Harmattan, coll. « Droits africains et malgache », 2011, p. 24.

[66] Sur l'évolution de cette institution, J. OWONA, *Contentieux administratif de la République du Cameroun*, *op. cit*, *ibid* ; J.-C. ABA'A OYONO, *La compétence de la juridiction administrative en droit camerounais*, *op. cit* ; R.-G. NLEP, *L'administration publique camerounaise. Contribution à l'étude des systèmes africains d'administration publique*, *op. cit*, p. 206-608 ; B.-R. GUIMDO DONGMO, « Le droit d'accès à la justice administrative au Cameroun. Contribution à l'étude d'un droit fondamental », *RRJ*, n° 1/2008, pp. 453-498.

administrative, juge administratif, a été abrogée par la loi n° 2006/016 du 29 décembre 2006 relative à l'organisation et au fonctionnement de la Cour suprême ; elle-même modifiée en 2017. De même, la loi n° 75/17 du 8 décembre 1975 fixant la procédure devant la Cour suprême statuant en matière administrative, a été remplacée par la loi n° 2006/022 du 29 décembre 2006 relative à l'organisation et au fonctionnement des Tribunaux administratifs.

Ces différentes dispositions se sont appuyées sur la Constitution du 18 janvier 1996. Le législateur le confirme à travers la loi n° 2006/015 du 29 décembre 2006 portant organisation judiciaire, modifiée par la loi n° 2011/027 du 14 décembre 2011. Ces nouveaux textes vont apporter des changements importants tant du point de vue de la physionomie que de la procédure en contentieux administratif camerounais.

Ainsi, comme dans l'ensemble des États africains « de succession française »[67], on assiste ces dernières années au Cameroun à des changements visant à améliorer la qualité de la justice[68].Avant ces évolutions, de nombreux dysfonctionnements étaient enregistrés. Au Cameroun, jusqu'à la naissance de la Chambre administrative de la Cour suprême, en passant par le Conseil du contentieux administratif[69], le Tribunal d'État[70], et la Cour fédérale de justice[71], on ne pouvait

---

[67] S. YEDOH LATH, « Les caractères du droit administratif des États africains de succession française. Vers un droit administratif africain francophone ? », *op. cit*, pp. 1255- 1288.

[68] P. MOUDOUDOU, « Les tendances du droit administratif dans les États d'Afrique francophone », *op. cit*, pp. 74 et s ; M. KAMTO, *L'Afrique dans un monde en mutation. Dynamique interne : marginalisation internationale*, Yaoundé, Africaine d'édition, 2009, 354p ; M. ONDOA (dir), *L'administration publique camerounaise à l'heure des réformes*, Paris, L'Harmattan, 2010, préface de Joseph. Owona, 309 p.

[69] Il s'agissait des juridictions instituées en 1881 dans les anciennes colonies françaises, dont certaines d'entre elles ont été effacées suite à la décolonisation. D'autres ont été transformées en tribunaux administratifs. Elle arrive au Cameroun en 1920. Voir, D. COSTA, *Contentieux administratif*, Cours, Paris, LexisNexis, 2011, p. 7.

[70] Décret n° 59/83 du 14 juin 1959.

véritablement pas parler de juridiction administrative d'instance, ou alors de Tribunal administratif, à l'image des ordres de juridictions connus dans les autres systèmes de même obédience[72]. Cette dernière restait concentrée au sein de quelques circonscriptions administratives[73].

Depuis la Constitution du 18 janvier 1996[74], de nombreux changements sont intervenus, tant dans l'organisation de la justice administrative[75] dans celle du système judiciaire[76] en général. En effet, cette loi fondamentale a offert de nombreuses

---

[71] Sur l'évolution historique de cette institution, lire J. OWONA, *Le contentieux administratif de la république op. cit*, pp. 14-27 ; J. BINYOUM et P. NGOLE NGWESSE, *Éléments de contentieux administratif camerounais*, Paris, L'Harmattan, 2010, préface de Maurice Kamto, pp. 20 et s.

[72] En droit français, par exemple, l'une des sources d'inspiration du modèle camerounais, il existe, en instance, des tribunaux administratifs, des cours administratives d'appels et le Conseil d'État, du point de vue des instances dérivées. Lire dans le même sens : F. RENEAUD, *Recherches sur les rapports entre ordres juridiques*, Thèse de droit, Université Toulouse 1, 1999, Atelier national de reproduction de l'Université de Lille 3, 431p ; J. LEMASURIER, *Le contentieux administratif en droit comparé*, Paris, Economica, 2009, 108p.

[73]Le Conseil du contentieux administratif, par exemple, siégeait au chef-lieu de chaque fédération et dans chaque territoire, à l'époque coloniale, dans la plupart des États africains, à charge pour le Conseil d'État français de faire office de juridiction supérieure. Pour plus de détails, voir : G. MANGIN, « Les structures de l'appareil juridictionnel », *op. cit, ibid* ; J. OWONA, *Le contentieux administratif de la République du Cameroun, op. cit, ibid.*

[74] Considérée comme une révision constitutionnelle pour les uns et nouvelle Constitution pour les autres, elle intervient avec l'amorce au cours de la décennie 90 du processus de démocratisation en Afrique ; synonyme d'un contexte nouveau, caractérisé par l'apparition d'un certain nombre d'institutions opérant dans de nouvelles conditions, avec un accent mis sur la légalité, la transparence, la protection des droits fondamentaux et des libertés publiques. En ce sens, A. ONDOUA (dir), *La Constitution camerounaise du 18 janvier 1996. Bilan et perspectives*, Yaoundé, Africaine d'Édition, 2007, 268 p.

[75] M. P. ZE, « Réflexions sur la réforme de la justice administrative au Cameroun », *Revue internationale de droit africain*, n° 89/2011, p. 57.

[76] M. KAMTO, « Les mutations de la justice à la lumière du développement constitutionnel de 1996 », *Revue africaine des sciences juridiques*, n° 1/2000, vol 1, pp. 9-20 ; J.-C. ABA'A OYONO, « Les mutations de la justice à la lumière du développement constitutionnel de 1996 », *Juridis Périodique*, n° 44/2000, pp. 74-85.

« perspectives »[77] à la justice administrative avec notamment la création des juridictions administratives inférieures[78]. Pour l'essentiel, et c'est là que repose une part importante de ces nouvelles dispositions, la réforme a donné lieu, en matière de contentieux administratif[79], d'une part, à la création des Tribunaux administratifs dans chaque région, d'autre part, à l'érection de la Chambre administrative de la Cour suprême en juridiction d'appel et de cassation[80]. Il y a donc eu une rupture avec l'ancienne organisation qui faisait de l'appel la voie d'achèvement du procès administratif[81]. Une nouvelle configuration a donc été adoptée[82].

---

[77] C. SIETCHOUA DJUITCHOKO, « Perspectives ouvertes à la juridiction administrative du Cameroun par la loi n° 96/06 du 18 janvier 1996 portant révision de la Constitution du 2 juin 1972 », *Annales de la Faculté des Sciences Juridiques et Politiques de l'Université de Dschang*, Yaoundé, Presses universitaires d'Afrique, t. 1, vol 1, 1997, pp. 162-175.

[78] Du point de vue des textes en vigueur, soulignons qu'avant la restructuration, par la loi n° 2006/016 du 29 décembre 2006, de la Cour suprême, organisée jadis par l'ordonnance n° 72/06 du 26 août 1972, l'ordonnance n° 72/04 du 26 août 1972, portant organisation judiciaire, avait été au préalable remplacée par la loi n° 2006/015 du 29 décembre 2006. Ce dernier texte consacra, lui aussi, les tribunaux administratifs (Tout comme l'article 42 alinéa 2 de la Constitution de 1996, révisée le 14 avril 2008, l'article 3 alinéa 3 de la loi n° 2006/015, portant organisation judiciaire, consacre les tribunaux administratifs). Un autre aspect significatif, en cette matière, fût l'abrogation de la loi n° 75/17 du 8 décembre 1975 fixant la procédure devant la Cour suprême, statuant en matière administrative, par la loi n° 2006/022 du 29 décembre 2006 portant organisation et fonctionnement des tribunaux administratifs.

[79] L'ensemble de ces textes est disponible sur le site de la Cour suprême du Cameroun à l'adresse http://www.coursupreme.cm/index.php?csc=les-lois.

[80] En généralisant ainsi le contrôle de cassation, le législateur a bien voulu accroitre les garanties des justiciables. Voir en ce sens, J.-P. COSTA, *Le Conseil d'Etat dans la société contemporaine*, Paris, Economica, coll. « Mieux connaître », 1993, 176 p.

[81] C. SIETCHOUA DJUITCHOKO, *L'appel dans le contentieux administratif au Cameroun. Contribution à l'étude de la juridiction administrative*, Thèse, Université d'Aix- Marseille III, 2001, Atelier national de reproduction de l'Université de Lille 3, 471 p.

[82] En ce sens, O. FANDJIP, « Les "citations directes" en droit camerounais du contentieux administratif », *Jurisdoctoria*, Université Paris I- Panthéon-Sorbonne, n° 8/2012, pp. 131-156. Disponible sur le site : http://www.jurisdoctoria.net/numero8_juillet_2012.html.

Toutefois, ce renouveau de la justice administrative camerounaise[83] est d'abord resté ineffectif. En effet, l'article 119 de la loi n° 2006/022, susvisée, avait prévu, comme l'article 67 de la Constitution de 1996, que la mise en place effective desdits Tribunaux administratifs allait s'opérer « en fonction des besoins et des moyens de l'État ». Ces nouvelles institutions judiciaires de la République allaient sans doute être mises en place mais de manière progressive[84]. Le législateur n'avait apporté aucune précision, ni fixé une échéance relative à cette mise en place effective des Tribunaux administratifs.

C'est ainsi qu'à titre transitoire : d'une part, jusqu'à l'entrée en vigueur de la loi n° 2006 /015 du 29 décembre 2006 portant organisation judiciaire et de la loi n° 2006/016 relative à l'organisation et au fonctionnement de la Cour suprême, c'est la Chambre administrative et l'assemblée plénière de la Cour suprême qui statuaient en lieu et place des juridictions administratives créées par la Constitution de 1996. D'autre part, à la suite de la réforme, l'assemblée plénière n'existant plus. La loi n° 2006/016 précisait, en son article 142 alinéa 2, que « les affaires pendantes devant l'ancienne assemblée plénière de la Cour suprême sur appel des jugements de la Chambre administrative sont transférées devant la section compétente de la Chambre administrative [...] ». Surtout, l'article 140 disposait qu'en attendant la mise en place des juridictions inférieures, « les procédures antérieurement observées restent

---

[83] M. P. ZE, « Réflexions sur la réforme de la justice administrative au Cameroun », *op. cit*, *ibid* ; C. KEUTCHA TCHAPNGA, « La réforme attendue du contentieux administratif au Cameroun », *Juridis Périodique*, n° 70/2007, p. 25 ; C. SIETCHOUA DJUITCHOKO, « L'autonomie du recours en cassation en contentieux administratif au Cameroun (À propos de la réforme récente du contentieux administratif) », *Juridis Périodique*, n° 82/2010, pp. 77-85 et n° 83/ 2010, pp. 65-75 ; H.-C. NJOCKE, «Juridiction administrative : une réforme inachevée », *Juridis Périodique*, n° 74/2008, pp. 49-63.

[84] En ce sens, J. OWONA, « L'essor du constitutionnalisme rédhibitoire en Afrique noire. Étude de quelques Constitutions Janus », *Mélanges*, *Pierre-François Gonidec*, Paris, LGDJ, 1985, p. 236 ; F. ANOUKAHA, « La réforme de l'organisation judiciaire au Cameroun », *Juridis Périodique* n° 68/2006, p. 48.

en vigueur ». À son tour, l'article 141 alinéa 1 ajoutait que dès la mise en place de ces juridictions, « les affaires pendantes devant la Chambre administrative et relevant de la compétence de ces dernières leur sont transférées »[85].

Il s'agissait, ainsi, des Tribunaux administratifs non encore opérationnel, c'est-à-dire, des institutions dont la vie concrète avait été différée. Elle était confiée de manière provisoire à la Chambre administrative de la Cour suprême. Elles n'étaient donc pas encore en marche au sens véritable de leur conception ; leur vie effective nécessitait des structures accompagnées d'un personnel approprié. L'on était donc encore en présence d'une justice administrative centralisée.

Il convient de souligner que sur le plan de la compétence matérielle, ces textes ont prévu que les Tribunaux administratifs connaissent de toutes les contestations dirigées contre les actes et décisions de l'administration, à l'exception des affaires attribuées spécialement par la loi à d'autres juridictions administratives[86]. Ils examinent, notamment, les recours contre les actes de l'État, de ses démembrements, les actions en responsabilité dirigées contre les services publics administratifs et les dommages causés par l'activité des services publics, les contestations portant sur les contrats administratifs, le contentieux des élections locales, etc. En effet, la loi de 2006/022 dispose en son article 2 alinéa 2, que : « Les Tribunaux administratifs connaissent en premier ressort, du contentieux des élections régionales et municipales et en dernier ressort, de l'ensemble du contentieux administratif concernant l'État, les collectivités publiques territoriales décentralisées et les établissements publics ». « Ils sont, sauf dispositions

---

[85] B.-R. GUIMDO DONGMO, « Le droit d'accès à la justice administrative au Cameroun. Contribution à l'étude d'un droit fondamental », *op. cit*, p. 458.

[86] Exemple de la Chambre administrative de la Cour suprême statuant en appel ou en cassation au Cameroun ou les Cours administratives d'appel et du Conseil d'État en France ou, d'une manière générale, les tribunaux de droit commun. Pour ce dernier cas voir : article 3 de la loi n° 2006/022, *précitée*.

contraires de la loi, juges de droit commun du contentieux administratif en premier ressort »[87].

C'est cette mission qui restera plusieurs années confiée à la Chambre administrative de la Cour suprême, à titre transitoire, depuis la réforme de 2006[88]. De ce point de vue, on pourrait dire qu'il existait un seul Tribunal administratif dans le pays.

Il fallait donc attendre plus de cinq années, à partir de la réforme de 2006, pour voir naître, effectivement, des Tribunaux administratifs d'instance au profit des différentes unités administratives du pays. Cette naissance a été l'œuvre des décrets n° 2012/119[89] et 194[90] des 15 mars et 18 avril 2012 portant, respectivement, ouverture des Tribunaux administratifs et nomination des magistrats du siège dans lesdits Tribunaux. En effet, est venu le temps des Tribunaux administratifs déconcentrés ou alors celui de leur effectivité[91].

---

[87] Article 14 alinéa 1 de la loi n° 2006/022.

[88] A. MPESSA, « Le contentieux de la caisse nationale de prévoyance sociale devant le juge administratif camerounais », *Juridis Périodique*, n° 89/2012, p. 78.

[89] Disponible sur le site de la présidence de la République du Cameroun : http://www.prc.cm/index_fr.php?link=les_actes/lecture_act&id=400&lang=fr&quoi=Décret.

[90] Disponible sur le site de la présidence de la République du Cameroun : http://www.prc.cm/index_fr.php?link=les_actes/lecture_act&id=415&lang=fr&quoi=Décret,dernière consultation le 29 septembre 2017 à 18 h 49 min.

[91] L'effectivité ne devrait pas être perçue, ici, comme l'arrimage de la règle de droit au fait, ou alors son décalage à ce dernier, pour parler de l'ineffectivité, mais plutôt comme l'entrée en vigueur de la règle de droit. En ce qui concerne le premier sens de cette notion, bon nombre d'observateurs évoquent la question de l'effectivité de la règle de droit au sujet de la Constitution camerounaise de 1996 et font le constat " banal" selon lequel la vie politique en Afrique se développe en dehors de la Constitution et son droit. Voir : J. DE N. ATEMENGUE, « Production du droit public interne et contexte politique : le cas du Cameroun », *RDIDC*, n° 2/2012, pp. 273 à 277 ; dans le même sens, J. M TCHAKOUA, « Le législateur se fout-il de la constitution ? A propos de la loi relative au contentieux lié à l'emploi temporaire dans la fonction publique et de la loi portant dissolution du fonds de garantie automobile », *Juridis Périodique* n° 82/2010, pp. 121 et s.

La création des Tribunaux administratifs telle que prévue par les lois n° 2006/015 et 022, précitées, laissait apparaître de nombreuses interrogations auxquelles des réponses satisfaisantes ne pouvaient résulter que des dispositions conduisant à la mise en place concrète de ces nouvelles juridictions. Ces deux décrets ont donc relancé la réflexion au sujet de la déconcentration de la justice administrative camerounaise, en général, en traitant en particulier des deux questions récurrentes suivantes : d'une part, l'accessibilité de la justice administrative ; d'autre part, son indépendance au double plan organique et structurel. En dépit du fait que ces réformes renforcent l'espoir de voir le Cameroun passer d'une « administration de souveraineté à une administration de gestion »[92] plus respectueuse des droits des usagers, il subsiste des interrogations et des doutes.

C'est ce qui amène à poser la question suivante : serait-il possible d'affirmer, désormais, que les divers obstacles limitant jusqu'ici l'accès au juge administratif camerounais à savoir : la mauvaise répartition géographique des juridictions, leur dépendance à l'égard des juridictions de droit privé et la rigueur des exigences procédurales ont été surmontés ? Cette problématique s'inscrit dans la suite de celle formulée par le professeur Célestin Keutcha Tchapnga. Selon lui, dans le contentieux administratif camerounais aujourd'hui, la question centrale est celle de savoir si le juge administratif est désormais « effectivement capable d'instituer et de maintenir un équilibre entre les intérêts particuliers et l'intérêt général »[93]. La réponse à celle-ci exige un examen des conditions d'accès au juge ainsi que son statut.

Autrement dit, la présente étude se propose d'essayer d'apporter des éléments de réponse à la question de savoir si à la lumière des évolutions récentes, il est possible d'affirmer qu'au

[92] C. KEUTCHA TCHAPNGA, « Les mutations récentes du droit administratif camerounais », *Juridis Périodique*, n° 41/2000, p. 80.
[93] C. KEUTCHA TCHAPNGA, *Précis de contentieux administratif au Cameroun. Aspect de l'évolution récente*, Paris, L'Harmattan, 2013, préface de Bernard-Raymond Guimdo Dongmo, p. 24.

Cameroun la justice administrative ne souffre plus des dysfonctionnements liés à une absence d'autonomie, de ressources humaines spécialisées, ainsi que de la présence de nombreuses barrières procédurales ou encore à une répartition inégale de ses infrastructures.

L'analyse des transformations que traverse le contentieux administratif camerounais ces dernières années permet de relever une limitation persistante de l'accès au juge à travers, d'une part, le renforcement des exigences précontentieuses (**Partie 1**), et, d'autre part, en raison d'une réorganisation insuffisante de cette juridiction d'un point de vue structurel (**Partie 2**).

Partie 1

La limitation de l'accès au juge par l'absence d'assouplissement des exigences précontentieuses

L'accès au juge peut s'entendre comme le droit pour chaque citoyen « de se faire rendre justice » devant une juridiction impartiale et équitable. Il correspond à la dimension organique de l'accès au droit, à côté de sa dimension normative[94], c'est-à-dire du droit d'accéder aux normes. Ce droit est consacré au Cameroun notamment au préambule de la Constitution de 1996 lorsqu'il dispose que « la loi assure à tous les hommes le droit de se faire rendre justice ». Ce droit est également consacré par la Charte africaine des droits de l'Homme et des peuples lorsqu'elle dispose, en son article 7, que : « toute personne a droit à ce que sa cause soit entendue. Ce droit comprend: a) le droit de saisir les juridictions nationales compétentes de tout acte violant les droits fondamentaux qui lui sont reconnus et garantis par les conventions, les lois, les règlements et coutumes en vigueur; b) le droit à la présomption d'innocence, jusqu'à ce que sa culpabilité soit établie par une juridiction compétente; c) le droit à la défense, y compris celui de se faire assister par un défenseur de son choix; d) le droit d'être jugé dans un délai raisonnable par une juridiction impartiale ».

La notion de formalités précontentieuses, lesquelles formalités apparaissent dans le registre des obstacles à l'accès au juge administratif camerounais, correspond aux recours administratifs préalables[95]. Il s'agit du recours gracieux et du recours de tutelle. C'est en ce sens qu'un observateur avait pu affirmer que le juge administratif camerounais ne pouvait ni

---

[94] En ce sens, V. DONIER, B. LAPEROU-SCHENEIDER (dir), *L'accès au juge, Recherches sur l'effectivité d'un droit*, Bruxelles, Bruylant, 2013 ; X. SOUVIGNET « *L'accès au droit, Principe du droit, principe de droit* », *Jurisdoctoria*, n° 1/2008, p. 23 et 26.

[95] Sur la place de ces recours en contentieux administratif, lire : O. FANDJIP, *Le temps dans le contentieux administratif. Essai d'analyse comparative des droits français et des États d'Afrique francophone*, Thèse de doctorat en droit, université Clermont Auvergne, 2016, p. 63.

être compris, ni être accepté s'il invoque constamment contre les justiciables le défaut de recours gracieux[96].

La consécration du recours gracieux en tant que formalité préalable à la saisine du juge[97] n'est pas récente en droit camerounais. L'article 17 de la loi n° 2006/022, du 29 décembre 2006, portant organisation et fonctionnement des Tribunaux administratifs[98] réitère, tout en apportant des précisions quant à ses modalités d'application, ce principe jadis consacré par l'article 12 de l'ordonnance du 26 août 1972 sur la Cour suprême. Il s'agit d'un recours adressé à l'autorité qui a adopté la décision en cause[99]. Cet article dispose, en effet, que « le recours devant le Tribunal administratif n'est recevable qu'après rejet d'un recours gracieux adressé à l'autorité auteur de l'acte attaqué ou à celle statutairement habilitée à représenter la collectivité publique ou l'établissement public en cause »[100]. En conséquence, en l'absence de ce recours, ou en cas de recours contentieux avant l'expiration du délai de recours gracieux, ou encore en cas de recours gracieux tardif, le recours contentieux est irrecevable. Le recours gracieux est distinct du recours hiérarchique. Ce dernier est un recours porté devant le supérieur de l'autorité qui a édicté l'acte contesté[101].

---

[96] G. CONAC, « Le juge et la construction de l'État de droit en Afrique », *Mélanges G. Braibant*, Paris, Dalloz, 1997, p. 105.

[97] J.-C. ABA'A OYONO, « Chronique du grain de sable dans la fluidité jurisprudentielle à la chambre administrative du Cameroun », *Juridis Périodique*, n° 78/2009, p. 63.

[98] Voir *Juridis Périodique,* n° 68/2006, pp. 57-85 et n° 70/2007, pp. 3-23.

[99] Certains auteurs l'appréhendent comme étant « un recours dirigé contre l'auteur même de l'acte ». Voir J. GATSI, *Nouveau Dictionnaire Juridique*, Douala, Presses universitaires libres, 1re éd., 2008, p. 172.

[100] Cette nouvelle formulation « marque une évolution notable car le législateur a entendu tenir compte des réalités socio-économiques et juridico-culturelles du Cameroun ». Voir J. BINYOUM et P. NGOLE NGWESSE, *Éléments de contentieux administratif camerounais*, *op. cit*, p. 77.

[101] S. BILONG, *Approche méthodologique du droit administratif*, Presses universitaires de Dschang, 2e éd., 2007, pp. 131 et ss. Sur la frontière entre le recours gracieux, le recours hiérarchique voir, R.-G. NLEP, *L'administration publique camerounaise « Contribution à l'étude des systèmes africains d'administration publique »*, *op. cit*, pp. 260-262.

S'agissant du recours de tutelle, il faut rappeler que la consécration de la personnalité juridique des collectivités territoriales décentralisées, la reconnaissance des intérêts propres à celles-ci, comme l'a fait depuis plusieurs années le législateur camerounais, a abouti à la mise en place des autorités administratives, désignées, en principe, au sein même de ces collectivités comme représentants desdites entités[102]. On retrouve, ici, les trois conditions à remplir pour parler de décentralisation[103]. Les personnalités ainsi désignées à la tête de ces collectivités sont des représentants de la localité, lesquels représentants sont différents des représentants du pouvoir central[104]. Le législateur camerounais a, de ce point de vue, placé le maire à la tête de la collectivité territoriale décentralisée de base à savoir : la commune. Il a désigné un délégué du gouvernement à la tête de la communauté urbaine[105]. Ces différentes autorités administratives sont habilitées, dans les limites de leurs attributions, à prendre des décisions susceptibles d'être contestées devant le juge administratif. L'on sait, en effet, que la décentralisation fait coexister une ou plusieurs personnes morales de droit public à côté de l'État[106]. En qualité d'autorité administrative qui adopte des actes administratifs susceptibles de faire grief, l'administré qui

---

[102] À l'exception des délégués du gouvernement et leurs adjoints qui sont, en droit camerounais, désignés par l'exécutif, les maires et représentants des régions sont élus.

[103] Celle-ci s'entend comme une technique d'organisation administrative qui consiste à confier aux autorités décentralisées la satisfaction des intérêts locaux. On distingue la décentralisation territoriale, ou géographique, de la décentralisation technique ou par service. Parlant des maires et délégués du gouvernement, dans cette étude, il s'agit de la décentralisation géographique notamment les communes sans références aucunes aux régions.

[104] A. DE LAUBADERE, J. C. VENEZIA et Y. GAUDEMET, *Droit Administratif*, Paris, LGDJ, 17e éd., 2002, p. 181.

[105] Suivant laloi n° 2004/018 du 22 juillet 2004, fixant règles applicables aux communes en ses articles 109 et suivants, les communautés urbaines sont des agglomérations urbaines composées d'au moins deux communes, dénommées communes d'arrondissement, érigées en communautés urbaines en raison de leur particularité.

[106] J.-A. NDJOCK, « La décentralisation territoriale au Cameroun », *Revue internationale de droit africain*, n° 87/2010, p. 10.

sollicite l'annulation de tels actes devrait se référer aux règles en vigueur en contentieux administratif[107].

L'on sait, par ailleurs, que le contrôle de la légalité des actes administratifs peut être réalisé au moyen de deux procédés. Il s'agit, d'une part, du contrôle administratif dans lequel l'illégalité est constatée et sanctionnée par l'administration[108] elle-même, et, d'autre part, le contrôle juridictionnel dans lequel ces opérations sont faites par le biais d'une juridiction. Dans le premier cas, le contrôle peut être exercé, soit, par le supérieur hiérarchique à l'égard des actes de son subordonné[109], soit, par l'auteur de l'acte lui-même[110], soit, enfin, par l'autorité qui assure la tutelle de celle qui a pris la décision en cause[111]. Ainsi, les recours administratifs sont nombreux à savoir : le recours hiérarchique, le recours de tutelle et le recours gracieux[112].

---

[107] L. TOUVET, J. FERSTENBERT, C. CORNET, *Les grands arrêts du droit de la décentralisation*, Paris, Dalloz, 2e éd., 2001 ; J.-C. BONICHOT, P. CASSIA, B. POUJADE, *Les grands arrêts du contentieux administratif*, Paris, Dalloz, 2007.

[108] Voir, J. F. BRISSON, « Régler autrement les litiges administratifs : les recours gracieux et hiérarchiques, voie alternative de protection des administrés », *RDP*, 1996, p. 836.

[109] C'est le recours hiérarchique, une requête adressée par l'administré au supérieur lointain ou immédiat de l'auteur d'un acte dont il conteste le bien-fondé.

[110] Il s'agit du recours gracieux, lequel peut être entendu comme un recours émanant d'un justiciable potentiel, et adressé à l'autorité administrative qui a pris une décision, ce recours vise à lui demander de reconsidérer le contenu ou la forme de l'acte en question et dont le bien-fondé est contesté.

[111] Voir, à cet effet, l'étude du professeur WALINE : « L'évolution du contrôle de l'administration depuis un siècle », *RDP*, 1984, p. 1327 ; B. LASSERRE et S. BOISSARD, « Recours », *Répertoire Dalloz, contentieux administratif*, novembre 2001, p. 3 ; D. TRUCHET, « Recours administratifs », *Répertoire Dalloz, contentieux administratif*, octobre 2000, p. 17.

[112] Sur ces notions, lire, J. MICHEL, « Les recours administratifs gracieux, hiérarchiques et de tutelle », *la documentation française*, 1996, p. 75 ; R.-G. NLEP, *L'administration publique camerounaise « contribution à l'étude des systèmes africains d'administration publique »*, *op. cit*, p. 262 ; S. BILONG, *Approche méthodologique du droit administratif*, *op. cit*, p. 131.

En droit camerounais, à l'exception du recours hiérarchique[113], ces recours administratifs sont des préalables à la saisine du juge de l'administration[114]. Ils conditionnent la recevabilité des actions en justice[115]. Les réformes récentes de la justice administrative camerounaise ont été marquées à ce sujet par, d'une part, une consécration regrettable de la règle du recours gracieux en cas de référé (**Chapitre 1**), et, d'autre part, par le maintien du clair-obscur qui caractérise le recours de tutelle (**Chapitre 2**). Une telle articulation ne facilite pas l'accès au juge.

---

[113] Le recours hiérarchique quant à lui est un recours ouvert dans tous les contentieux. Mais il diffère des autres recours en ce qu'il n'a pas une incidence sur la procédure administrative contentieuse sauf le fait qu'il peut entraîner le règlement à l'amiable du litige, il ne constitue donc pas un impératif.

[114] À l'article 17 de la loi n° 2006 /022 du 29 décembre 2006, portant organisation et fonctionnement des tribunaux administratifs, le législateur a réitéré cette exigence, consacrée, jadis, à l'article 12 de l'ordonnance n° 72/06 du 26 août 1972 portant organisation de la Cour suprême.

[115] En effet, en droit français, on distingue comme recours administratif préalable, la règle de la décision préalable et les recours administratifs. S'agissant de la décision préalable, elle renvoie à l'obligation pour le justiciable de former un recours, quel qu'il soit, contre une décision administrative auprès de l'administration elle-même : c'est la décision préalable que le requérant doit éventuellement provoquer de la part de l'administration. Elle est prévue par l'article R. 421-1 du Code de justice administrative français, modifiée par le Décret n° 2004-617 du 29 juin 2004 relatif aux modalités et effets de la publication sous forme électronique de certains actes administratifs. Le recours administratif, quant à lui, est une réclamation introduite auprès de l'administration contre son acte, avant tout recours juridictionnel. Donc, en dehors de la décision préalable, il existe en droit français d'autres recours administratifs préalables. M. DEGUERGUE, *Procédure administrative contentieuse*, Paris, Montchrestien, coll. « Focus droit », 2003, p. 78 ; R. ROUQUETTE, *Petit traité du procès administratif*, Paris, Dalloz, 2e éd., 2006, pp.163 et s ; G. PAMBOU TCHIVOUNDA, *Les grandes décisions de la jurisprudence administrative du Gabon*, Paris, A. Pedone, 1994, p. 590.

Chapitre 1

La regrettable consécration du recours gracieux en matière de référé

La rigueur qui caractérise la jurisprudence sur l'exigence du recours gracieux permet d'affirmer qu'il s'agit d'un obstacle au droit d'accès au juge administratif camerounais[116]. Il s'agit, autrement dit, d'une condition dont la finalité cachée est la protection de l'administration contre les recours des administrés[117]. Ainsi, dans le cadre des réformes récentes du contentieux administratif au Cameroun, on peut s'étonner du peu d'intérêt que le législateur a manifesté à l'égard de cette règle car, en raison de son importance, elle apparaît comme étant l'une des questions qu'il devrait davantage examiner[118].

---

[116] Il s'agit d'un « véritable casse-tête » : M. KAMTO, *Droit administratif processuel du Cameroun*, Yaoundé, Presses universitaires du Cameroun, 1990, pp. 39-42.

[117] J. OWONA, *Droit administratif spécial de la République du Cameroun*, Yaoundé, Edicef, 1985, p. 208 ; S. BILONG, « La crise du droit administratif au Cameroun. », *RJP*, n° 1/2011, pp. 62 et ss. Les études sont nombreuses à ce sujet : CS/CA, jugement n° 71/75 du 13 mars 1976, n° 1/78/79, *Bene Bella Lambert, Essimi Fabien, Penant*,1983, pp. 65 et 69, respectivement, obs., R.-G. NLEP ; A.-S. MESCHERIAKOFF, « Le régime juridique du recours gracieux préalable dans la jurisprudence administrative camerounaise », *Revue camerounaise de droit*, n° 15-16/1979, série 2, pp. 42-55 ; M. KAMTO, *Droit administratif processuel du Cameroun*, *op. cit, ibid.* M. P. ZE, « Réflexions sur la réforme de la justice administrative au Cameroun », *op. cit, ibid* ; B.-R. GUIMDO DONGMO, « Le droit d'accès à la justice administrative au Cameroun. Contribution à l'étude d'un droit fondamental », *op. cit, ibid.* C. KEUTCHA TCHAPNGA, « La réforme attendue du contentieux administratif au Cameroun », *op. cit*, p. 25 ; C. SIETCHOUA DJUITCHOKO, « L'autonomie du recours en cassation en contentieux administratif au Cameroun (À propos de la réforme récente du contentieux administratif) », *op. cit, ibid*, respectivement ; H.-C. NJOCKE, « Juridiction administrative: une réforme inachevée », *op. cit, ibid.*

[118] H.-C. NJOCKE, « Juridiction administrative : une réforme inachevée », *op. cit*, p. 59.

On peut noter une relative exclusion du recours gracieux dans les contentieux d'urgence[119]. Dans les contentieux ordinaires, en revanche, on observe une minoration de cette exclusion. Cela est peu favorable aux justiciables notamment lorsqu'ils sont exposés à des préjudices importants. L'un des points remarquables de la réforme de 2006 est sans doute la consécration du recours gracieux en matière de référé. Celle-ci est, à plusieurs égards, regrettable **(Section 2)**. Pour bien le comprendre, il est important d'examiner au préalable le régime du recours gracieux au-delà du référé. Le maintien de la règle du recours gracieux en dehors des cas de référé, comme l'a fait le législateur est en revanche acceptable **(Section 1)**.

Section I. Un maintien acceptable du recours gracieux en dehors des actions en référé

Le régime du recours gracieux n'a été modifié qu'en matière de référé. Dans les autres cas, la législation est restée la même. Ces autres cas renvoient aux recours destinés à régler la question de fond (**§ 1**). Ils ne concernent donc pas les contentieux d'urgence, comme le référé, lesquels ont un caractère provisoire. Mais il faut nuancer cette idée en relevant que l'exigence du recours gracieux a aussi été maintenue dans certains contentieux d'urgence comme le sursis à exécution (**§ 2**).

[119] Les contentieux d'urgence renvoient, non seulement, aux procédures contentieuses dans lesquelles le juge administratif est juge de l'évidence c'est-à-dire, lorsqu'il est appelé à donner une solution rapide et provisoire ou même partielle au litige mais aussi ils intéressent, les procédures qui ont été particulièrement mises en place dans le but d'éviter tout retard dans le dénouement du litige en question. Il convient alors de distinguer les procédures contentieuses d'urgence dites accessoires des procédures contentieuses d'urgence spéciales. Voir B.-R. GUIMDO DONGMO, *Le juge administratif camerounais et l'urgence. Recherche sur la place de l'urgence dans le contentieux administratif camerounais*. Thèse, Université de Yaoundé II, 2004, pp. 28 et 29.

§ 1. Le maintien de la règle du recours gracieux dans les contentieux ordinaires

Les contentieux ordinaires sont nombreux. Il est précisément question du contentieux des contributions aux charges publiques, encore appelé contentieux fiscal (**A**), et du contentieux de la légalité (**B**), et celui de la responsabilité (**C**). Dans ces différents contentieux, le législateur camerounais a réaffirmé l'exigence du recours gracieux comme condition de recevabilité des actions devant le juge administratif.

A. Le maintien du recours gracieux en matière fiscale

Les matières fiscales renvoient au contentieux des impositions. En droit camerounais, c'est le Code général des impôts, en son article L. 116 (nouveau) qui l'organise[120]. Les litiges en cette matière peuvent être portés devant le « Tribunal administratif du centre des impôts de rattachement »[121].

Mais en prélude à cette saisine, deux formes de formalités préalables apparaissent. Il y a, d'une part, la réclamation préalable[122], et, d'autre part, le recours gracieux[123]. C'est donc

---

[120] Pour une étude similaire, F. MBOME, *Le contentieux fiscal camerounais*, Yaoundé, Presses universitaires d'Afrique, 2000, 322 p ; F. NTA A DJAM, *Droit du contentieux fiscal camerounais*, Paris, L'Harmattan, coll. « Finances publiques », 2009, préface de Martin Rissouck A Moulong, 268 p.

[121] Art. L. 124, 126, *Cgi.*

[122] La réclamation préalable précède le recours gracieux. En effet, lorsqu'un contribuable se « croit imposé à tort ou surtaxé », il « peut en faire la réclamation, par écrit, au chef de centre régional des impôts, au directeur chargé de la gestion des grandes entreprises ou au directeur général des impôts ». Chacune de ces autorités est compétente selon un montant déterminé. Le Chef de centre régional des impôts est compétent pour les réclamations d'un montant inférieur ou égal à cinquante (50) millions de francs CFA en principal. Le directeur chargé de la gestion des grandes entreprises, quant à lui, reçoit les réclamations n'excédant pas cent (100) millions de francs CFA. Pour ce qui est du directeur général des impôts, il connaît des réclamations dont le montant est supérieur aux seuils prévus pour les centres régionaux des impôts et la direction en charge de la gestion des grandes entreprises. Art. L. 116 (nouveau), *Cgi.*

à la suite de cette réclamation préalable, introduite auprès des autorités respectivement compétentes que le contribuable peut exercer un recours gracieux, proprement dit. Ce recours gracieux ressemble considérablement au recours hiérarchique qui, par définition, est un recours administratif adressé au supérieur hiérarchique de l'autorité qui a pris l'acte en cause. En dépit de cette ressemblance, le Code général des impôts indique clairement que cette formalité représente un « recours gracieux préalable »[124].

Dans l'affaire *Ndingué Jean contre État du Cameroun (ministère du Commerce)*, le juge a rappelé « que la saisine de la juridiction administrative a été précédée de nombreuses requêtes adressées à diverses autorités administratives [...] » et« que dans cette hypothèse [...]le requérant[...]ne peut justifier autrement d'avoir satisfait à l'exigence d'un recours gracieux[...] »[125].

Toutefois, cette double détente du recours précontentieux ne s'applique pas en contentieux des impôts locaux. À cet égard, c'est à travers la loi du 15 décembre 2009 que le législateur camerounais a organisé les impôts des collectivités locales. Il s'est inspiré du Code général des impôts. L'article 136 de cette loi dispose que « le recours contentieux des impôts locaux obéit aux règles et procédures prévues par le livre des procédures fiscales, sous réserve des dispositions spécifiques régissant les taxes communales ». Ladite loi précise aussi que « les réclamations relatives aux taxes communales ressortissent de la juridiction contentieuse lorsqu'elles tendent à obtenir soit la réparation d'erreurs commises dans l'assiette ou le calcul des impositions, soit le bénéfice d'un droit résultant d'une

---

[123] Le recours gracieux préalable est introduit auprès du ministre en charge des finances. Ce recours intervient « lorsque la décision du chef de centre régional, du directeur chargé de la gestion des grandes entreprises ou du directeur général des impôts ne donne pas entièrement satisfaction au demandeur ».

[124] Art. L. 118 (nouveau) et 119, *Cgi*.

[125] Jugement n° 24/86-87 du 30 avril 1987.Voir aussi jugement n° 44/88-89 du 15 mai 1989, *Tiamago Boniface c/ État du Cameroun (Minfi)*.

disposition législative ou réglementaire »[126]. Ainsi, le double échelon du recours gracieux en vigueur dans d'autres cas ne concerne pas les taxes locales. En effet, « le contribuable qui se voit réclamer à tort le paiement d'une taxe communale peut, par écrit, en faire réclamation auprès du chef de l'exécutif municipal »[127]. Comme on le voit, une «préliminaire conciliation »[128] reste exigée dans ces contentieux. La règle du recours gracieux a aussi été maintenue en matière d'annulation.

B. Le maintien du recours gracieux dans le contentieux de l'annulation

Le contentieux de l'annulation peut encore être dénommé contentieux de la légalité. Il s'agit d'un recours qui a pour but d'obtenir l'annulation d'une décision administrative à travers notamment un recours pour excès de pouvoir. Dans ce type de contentieux, également, la règle reste celle de l'irrecevabilité du recours contentieux en l'absence d'un recours gracieux (**1**). Mais dans certains cas, cette exigence est exclue (**2**).

1. Le maintien du principe

Dans la majeure partie des recours devant le juge administratif, les requérants remettent en cause des décisions administratives. L'on sait qu'au soutien de ces recours ils peuvent invoquer de nombreux moyens d'illégalité. Ces moyens d'illégalité peuvent être d'ordre interne ou externe. Mais avant d'examiner ces recours, le juge doit vérifier si la formalité précontentieuse a été observée. Cette règle du recours gracieux qui existe dans le contentieux administratif camerounais depuis l'ordonnance fédérale n° 61/OF/6 du 4 octobre 1961 fixant la composition, les conditions de saisine et la procédure devant la Cour fédérale de justice a simplement été actualisée par l'article 17 de la loi n° 2006/022 portant organisation et fonctionnement des Tribunaux administratifs.

---

[126] Art. 137, *Cgi.*
[127] Art. C. 138 (1).
[128] H. BONNEAU, « La règle de la décision préalable devant les Tribunaux administratifs », *Recueil Dalloz*, 1955, chronique, p. 11.

C'est une disposition qui reprend l'article 12 de l'ordonnance de 1972 sur la Cour suprême.

Sur le plan jurisprudentiel, elle a été constamment rappelée. Dans les affaires *Mahamadou Bachirou contre Commune urbaine de Ngaoundéré*[129], *Ladzou David contre État du Cameroun*[130], par exemple, le juge administratif a eu l'occasion de rappeler qu'exercer immédiatement un recours sans recours gracieux préalable est contraire à l'article 12 de l'ordonnance de 1972 relative à l'organisation et au fonctionnement de la Cour suprême[131]. Dans l'affaire *Dame Etong Anne contre Commune urbaine de Yaoundé*, il relève clairement que « le recours introduit dans le respect de la loi (parlant du respect du recours gracieux) doit être déclaré recevable et que cette recevabilité conditionne l'examen du fondement dudit recours »[132]. La jurisprudence récente va dans le même sens. Il s'agit précisément de la jurisprudence produite sous l'égide de cette version actualisée de la règle du recours gracieux prévue à l'article 17 de la récente loi de 2006 sur les Tribunaux administratifs[133]. En maintenant cette règle, le législateur a également réaffirmé les exceptions qui s'appliquaient à celle-ci.

2. Le maintien des exceptions

En droit camerounais, dans certains contentieux de l'annulation, la règle du recours gracieux avait pu être exclue. C'était le cas à l'occasion de l'affaire *Nyemeck Nyemeck Emmanuel*[134], souligne le professeur Henri Jacquot. Le juge s'appuyant sur l'article 12 de la loi de 1974 relative au contrôle des ordonnateurs, gestionnaires et gérants des crédits publics et

---

[129] CS/CA, jugement n° 117 du 30 novembre 1995.

[130] CS/CA, jugement n° 41 du 29 juillet 1999.

[131] Rappelons que cette ordonnance a été remplacée par la loi n° 2006/016 du 29 décembre 2006.

[132] Jugement n° 15/2002-2003 du 28 novembre 2002. Voir aussi, CS/CA, jugement n° 153/2011/CA/CS du 15 juin 2011, *Dame veuve Fonkoua née Meidié Augustine contre État du Cameroun*.

[133] Sur l'ensemble voir C. KEUTCHA TCHAPNGA, *Précis de contentieux administratif au Cameroun… op. cit*, pp. 145 et ss.

[134] Jugement du 15 juillet 1978.

des entreprises d'État. Il avait considéré ce texte comme une loi spéciale dérogeant à l'ordonnance de 1972 précitée[135]. L'article 12 de ladite loi, aujourd'hui abrogée, disposait que les décisions dudit conseil pouvaient être déférées directement pour annulation devant la juridiction administrative.

Cette exception a été réaffirmée, récemment, par le législateur. En effet, aujourd'hui, c'est le conseil de discipline budgétaire et financière, qui a vu son organisation et son fonctionnement fixés par le décret n° 2008/028 du 17 janvier 2008, qui est désormais chargé de prendre des sanctions à l'encontre des agents publics, patents ou de fait, coupables des irrégularités et fautes ayant eu pour effet de porter préjudice aux intérêts des personnes publiques (Article 2). L'article 16 de ce texte précise que les décisions du conseil ne sont pas susceptibles de recours gracieux préalable. Elles peuvent faire l'objet de recours en annulation devant la juridiction administrative, sans que ce recours soit suspensif. Cette exception a donc été confirmée. Mais, cette situation pose un problème. En effet, comment un décret peut-il déroger à une loi puisque l'exigence du recours gracieux est consacrée par la loi de 2006/022, précitée, relative aux juridictions administratives ? Dans tous les cas, « le contentieux des décisions du Conseil de Discipline Budgétaire et Financière [n'est] pas soumis, selon l'article 16 alinéa 1 et 2 du décret n° 2008/028 du 17 janvier 2008, au formalisme du recours gracieux préalable »[136]. On peut également noter des assouplissements à cette règle, notamment par la jurisprudence[137]. Le jugement n° 27/2002-2003 du 28 novembre 2002, *Pemité Jean Calixte c/*

---

[135] A.-S. MESCHERIAKOFF, « Le régime juridique du recours gracieux préalable dans la jurisprudence administrative camerounaise », *op. cit*, pp. 47 et 48.

[136] TA du Littoral, jugement n° 58/qd/17, 02 février 2017, *Pr Henri Désiré Modi Koko Bebey c/ État du Cameroun.*

[137] C. KEUTCHA TCHAPNGA et B. TEUBOU, « Réflexions sur l'apport du législateur camerounais à l'évolution de la procédure administrative contentieuse de 1990 à 1997 », *Revue internationale de droit africain*, n° 45/2000, pp. 61-77 ; M. KAMTO, *Droit administratif processuel du Cameroun, op. cit, ibid* ; C. KEUTCHA TCHAPNGA, *Précis de contentieux administratif au Cameroun… op. cit*, pp. 152 et ss.

communauté urbaine de Douala, peut être évoqué à titre d'exemple.

Il convient de rappeler les faits. En date du 24 mars 1998, le sieur *Pemité Jean Calixte* avait saisi le juge administratif aux fins d'obtenir l'annulation d'un acte pris par le délégué du gouvernement auprès de la communauté urbaine de Douala. Cette décision l'invitait à libérer un local appartenant à la communauté susdite et occupé par le requérant en qualité de locataire. Mais avant ce recours contentieux, le requérant avait, en date du 06 mai 1997, adressé une correspondance à l'autorité municipale concernée à titre de recours gracieux. Toutefois, ladite correspondance citait en objet : « demande d'autorisation au régisseur du marché pour percevoir les loyers ». Ce libellé avait alors suscité des discussions. C'est pourquoi, pour sa part, la communauté concluait à l'irrecevabilité de ce recours parce que n'ayant pas été précédé d'un recours gracieux. Selon elle, ladite correspondance ne pouvait pas être considérée comme étant un recours gracieux au regard de son objet. Pour être considérée comme un recours gracieux, celle-ci méritait comme objet « demande d'annulation de la décision attaquée », comme l'affirmait la partie défenderesse.

Mais en date du 2 novembre 2001, alors que le litige était pendant, la communauté urbaine de Douala fit parvenir une correspondance au demandeur par laquelle elle lui attribuait à nouveau le local objet du litige. Appelé, en tout cas, à se prononcer le juge affirma, d'abord, que la communauté est revenue incontestablement sur sa décision, qu'ensuite, ce recours est sans objet, et, enfin, que le requérant continuera à exploiter paisiblement son local.

En rendant cette décision sans toutefois prendre position sur la recevabilité du recours, notamment en ce qui concerne le recours gracieux, on peut penser que ce défaut de recours gracieux, comme le relevait d'ailleurs un observateur à l'occasion d'une espèce similaire[138], n'entraîne pas le rejet du

---

[138] CS/CA, ord., sursis, 07 déc. 2000, *Mama Biloa Sandrine c/ Université de Ngaoundéré*, *Juridis Périodique* n° 51/2002, p. 24, note J.-C. Aba'a Oyono.

recours contentieux. Il semble que le juge s'est réfugié derrière la réaction de la défenderesse et a manqué de résoudre le problème de la forme à laquelle est soumis un recours gracieux. En d'autres termes, le juge s'est prononcé sans s'intéresser à la recevabilité, du moins explicitement, du recours, notamment sur cette exigence du recours gracieux.

Cette solution amène à dire que, selon le juge, la correspondance présentée le 6 mai 1997 par le requérant est un recours gracieux. Cela est discutable. À titre de droit comparé, le juge administratif gabonais relève à ce sujet que le recours administratif préalable est un acte qui « renferme de véritables conclusions tendant à obtenir de l'auteur de l'acte, la disparition de celui-ci »[139]. On aurait été davantage convaincu si la communauté n'était pas revenue sur sa décision. Le juge allait-il recevoir un tel recours comme dans l'affaire *Mama Biloa Sandrine c/ université de Ngaoundéré* ? Il se pourrait donc qu'il puisse admettre, en matière d'annulation, des actions sans recours gracieux préalable, du moins, présentées au mépris des règles de l'art, c'est-à-dire « sans considération aucune vis-à-vis de l'exigence de pureté dans l'expression juridique »[140]. En France, tout comme au Gabon, la jurisprudence précise que « [...] le recours gracieux [...] doit se présenter formellement comme une demande de retrait, d'abrogation ou de nouvelle décision [...]. Au nom du principe de la sécurité juridique, il doit n'y avoir aucune ambiguïté. L'acte contre lequel est dirigé le recours gracieux doit être clairement décrit comme illégal et il doit être clairement demandé sa fin »[141]. De même, un recours gracieux formulé dans une langue autre que celle qui est d'usage entre les parties constitue un défaut de recours

---

[139] TA, Libreville, 08 avr. 2002, *Nguimbi François c/ État gabonais*, rep., n° 8/2001-2002.

[140] CS/CA, ord., sursis, 7 déc. 2000, *Mama Biloa Sandrine c/ Université de Ngaoundéré, précité.*

[141] TA, Lille, 8 juil. 1997, *Préfet du Pas-de-Calais c/ Commune de Lens et autres, RFDA*, 1998, p. 546, concl. T. Celerier ; TA, Libreville, 08 avr. 2002, *Nguimbi François c/ État gabonais*, rep., n° 8/2001-2002, *précité.*

gracieux[142]. Cette solution adoptée par le juge camerounais permet d'affirmer avec la doctrine que les « mauvaises habitudes dans la rédaction des recours inondent le cours de la justice, et le juge administratif camerounais semble s'en accommoder »[143]. En dehors cette incertitude, le recours gracieux est maintenu, en principe, en matière d'annulation, comme c'est aussi le cas dans le contentieux de la responsabilité.

C. Le maintien du recours gracieux en matière de responsabilité

Dans le cadre de la saisine du juge aux fins d'engager la responsabilité de l'administration, un recours gracieux est également exigible. Comme dans le contentieux de l'excès de pouvoir, l'exigence du recours gracieux en matière de responsabilité a été réaffirmée par l'article 17 de la loi n° 2006/022 précitée. À de nombreuses occasions, le juge relève bien que le recours gracieux est une condition de recevabilité des recours en responsabilité contre l'administration. Cette position est donc bien maintenue.

L'examen de la jurisprudence, tant sous l'égide de l'article 12 de l'ordonnance de 1972 que l'article 17 de la loi de 2006/022, le confirme. Ainsi, par exemple, dans l'affaire *Djou Essomba Charles contre État du Cameroun (Minuh)*, le juge relève « qu'en revenant précisément sur la recevabilité du recours et en tenant strictement compte des dispositions rigoureuses de l'article 12 de l'ordonnance n° 72/6 [...], il y a lieu de constater que[...]le recours gracieux mal orienté constitue, dans le respect de l'article 12 précité, un défaut de recours gracieux qui motive l'irrecevabilité du recours contentieux [...]; Djou Essomba doit, en conséquence, être déclaré irrecevable pour défaut de recours gracieux préalable ou

---

[142] CE, sect., 05 janv. 2000, *Commune de Macot-la-Plagne*, *AJDA*, 2000, p. 179.

[143] CS/CA, ord., sursis, 7 déc. 2000, *Mama Biloa Sandrine c/ Université de Ngaoundéré, précité.*

pour recours gracieux mal orienté[…] »[144]. L'on relève, ici, une affirmation par contraste du caractère d'ordre public du recours gracieux[145]. De même, dans l'affaire *Pellamié Joseph contre Communauté urbaine de Douala*, le juge avait accueilli la demande du requérant en affirmant « que le recours gracieux ayant été implicitement rejeté par le silence gardé […] par l'autorité compétente […] le recours déposé le 3 avril 2000 est recevable […], il échet de l'examiner sur le fond […] »[146]. Dans d'autres cas, si le recours gracieux, sur lequel s'appuie le recours contentieux n'est adressé qu'à une seule autorité, comme en ce qui concerne les différends relatifs aux actes des autorités municipales, ce recours gracieux serait irrecevabilité au même titre que le recours contentieux subséquent.

Toutefois, comme en matière d'annulation, la jurisprudence a parfois nuancé cette règle. En ce sens, le juge avait dérogé à cette exigence dans un jugement du 15 novembre 1966, affaire *Dame Lami Absatou Bi Moy Aman contre État du Cameroun.* En effet, il avait déclaré recevable la requête tendant à la condamnation de l'État à payer des dommages-intérêts, pour un préjudice résultant d'un accident de la circulation, en l'absence d'un recours gracieux préalable[147]. La justification de cette exclusion du recours gracieux se trouve dans la nécessité de prendre en compte des principes fondamentaux du droit comme la responsabilité administrative. Comme le souligne le juge administratif gabonais, au regard du respect des lois et des principes fondamentaux du droit, « il appartient à la justice d'humaniser autant que possible le sort des administrés qui, à tort ou à raison, se prétendent victimes des fautes de

---

[144] CS/CA, jugement n° 48/02-03 du 27 mars 2003.

[145] Dans le même sens, A. LOUVARIS, « Introduction de l'instance. Recours administratifs préalables », *Juris Classeur, justice administrative*, fascicule 41, mai 2002, p. 2.

[146] CS/CA jugement n° 30 du 04 février 2004 ; compléter avec le jugement *Etong Anne, précité*.

[147] C. KEUTCHA TCHAPNGA, *Précis de contentieux administratif au Cameroun… op. cit*, pp. 152 et ss ; C. KEUTCHA TCHAPNGA et B. TEUBOU, « Réflexions sur l'apport du législateur camerounais à l'évolution de la procédure administrative contentieuse de 1990 à 1997 », *op. cit*, p. 65. Voir, aussi la jurisprudence Dame *Mbocka Jeannette* du 28 décembre 1978.

l'administration »[148]. Autrement dit, les administrés seraient exposés à toutes sortes de préjudices « si l'État n'était astreint au respect de la " loi" »[149]. La violation des lois doit donc parfois être sanctionnée nonobstant l'inobservation des règles de procédure.

Ainsi, tant dans le contentieux des impositions que celui de l'annulation et de la responsabilité, le recours gracieux a été réaffirmé comme condition de recevabilité des actions en justice. Cela permet de conclure que le juge administratif camerounais, encore moins le législateur, n'ont pas encore, véritablement, remis en cause la règle du recours gracieux dans ces différents contentieux. À titre de droit comparé, on notera que le droit camerounais est rejoint sur ce point par le droit français qui, après avoir, pendant longtemps, adopté un certain assouplissement à la règle de la décision préalable, a, récemment, procédé à son renforcement[150]. Cette réaffirmation de la règle du recours gracieux concerne aussi certains contentieux d'urgence accessoire comme le sursis à exécution.

§ II. Le maintien du recours gracieux en matière de sursis à exécution

Dans les contentieux d'urgence, à l'exception des cas d'urgence dite spéciale, la règle du recours gracieux a aussi été réaffirmée **(A)**. On peut citer l'exemple du sursis à exécution. Ce dernier cas doit être distingué du référé qui sera analysé dans la section suivante. Ce maintien de la règle du recours gracieux

---

[148] CS/CA (Gabon), arrêt du 26 juin 1987, *Ognane Patrice c/ État gabonais*, répertoire n° 16.

[149] CS/AP arrêt du 24 mars 1983, *Njikiakam Towa c/ État du Cameroun*, *Penant* n° 788/789/1985, pp. 354-356, note M. Kamto.

[150] Lire à ce sujet : O. FANDJIP, « Le renforcement des conditions d'accès au juge dans le nouveau code français de justice administrative : le cas de la décision préalable », *Revue juridique de l'ouest, université de Rennes 1*, n° 1/2017, pp. 25 et ss. En droit français, l'exception en matière de travaux publics en ce qui concerne la décision préalable, fut réitérée en dépit de son caractère anarchique et de son manque de fondement rationnel que soulignait le Conseil d'État dans son rapport rendu en 1993 au sujet du règlement des conflits. M. DEGUERGUE, *Procédure administrative contentieuse*, *op. cit*, p. 79.

en matière ordinaire et de sursis à exécution est soutenable. Il en est ainsi en raison de l'intérêt de cette formalité dans le règlement des litiges d'une manière générale (**B**).

A. L'énoncé du maintien du recours gracieux en matière de sursis à exécution

La règle du recours gracieux reste en vigueur dans le cadre d'un sursis à exécution (**1**). Mais, une exception existe. Elle concerne les actions introduites par les autorités de tutelle dans le cadre de la décentralisation (**2**). Son régime juridique n'a donc pas été modifié.

1. La réaffirmation de la règle

Il ne faudrait pas confondre le sursis à exécution avec le sursis de paiement. Le sursis de paiement est applicable en matière fiscale[151].

En matière de sursis à exécution, en général, le juge administratif, avant la loi de 2006, semblait plutôt vacillant. Comme le soulignait un observateur, dans un premier temps, il n'admettait pas le recours contentieux aux fins de sursis à exécution sans recours gracieux préalable. Autrement dit, le recours gracieux était une condition de recevabilité du recours visant à obtenir la suspension de l'exécution d'une décision administrative. C'est ainsi que dans l'affaire *Ngatchou Mbatkam Henri*[152], il affirmait que lorsque la demande de sursis est formée au même moment que la demande principale, elle doit être précédée d'un recours gracieux[153]. Par la suite, la dispense du recours gracieux fût admise dans l'affaire *Djambou Maurice* lorsque le juge avait accueilli une requête aux fins de

---

[151] Plus amplement, lire : C. KEUTCHA TCHAPNGA (dir), *Les grandes décisions annotées de la juridiction administrative du Cameroun*, Paris, L'Harmattan, 2017, préface de L. Donfack Sokeng, p. 453.

[152] Ordonnance n° 14/OSE/CS/PCA/82-83, 23 mars 1983.

[153] B.-R. GUIMDO DONGMO, *Le juge administratif camerounais et l'urgence…*, *op. cit*, p. 25.

sursis à exécution sans recours gracieux[154]. Dans d'autres affaires, comme celles du 31 décembre 1997, du 14 octobre 1998 et du 5 avril 2001, souligne ce même observateur, il affirmait qu'il n'est pas lié par le recours gracieux mais plutôt par le recours contentieux[155]. Ainsi, il n'était plus « impossible de trouver », en cet état du droit positif camerounais, « un interstice permettant à un justiciable d'adresser directement sa demande de sursis à exécution au juge administratif sans recours administratif préalable »[156]. La jurisprudence était donc simplement chancelante.

L'idée de la réaffirmation de la règle du recours gracieux en matière de sursis à exécution au Cameroun, au-delà de ce caractère chancelant de la jurisprudence, apparaît dans la loi de 2006. En effet, au regard de ce texte, notamment en son article 30, la dispense du recours gracieux ne semble pas être un acquis pour le justiciable en matière de sursis à exécution. Les incertitudes qui résultaient du silence du législateur se sont dissipées à la suite des éclairages apportés par cette nouvelle législation. L'article suscité dispose que : « le recours gracieux contre un acte administratif n'en suspend pas l'exécution »[157]. Son alinéa 4 ajoute que : « l'ordonnance prononçant le sursis à exécution devient caduque si, à l'expiration du délai prévu à l'article 18 ci-dessus, le Tribunal n'est pas saisi de la requête introductive d'instance »[158].

---

[154] C. KEUTCHA TCHAPNGA, « Le régime juridique du sursis à exécution dans la jurisprudence administrative camerounaise », *Juridis Périodique*, n° 38/1999, p. 87.

[155] B.-R. GUIMDO DONGMO, *Le juge administratif camerounais et l'urgence…*, *op. cit*, p. 91.

[156] CS/CA, ordonnance du 07 décembre 2000, *Mama Biloa Sandrine c/ Université de Ngaoundéré* note J.-C. Aba'a Oyono, *op. cit*, p. 23.

[157] L'article 16 alinéa 1 de la Loi n° 75/17 du 8 décembre 1975, fixant la procédure devant la Cour suprême statuant en matière administrative disposait, au contraire, que : « Le recours contentieux contre une décision administrative n'en suspens pas l'exécution ».

[158] Dans l'ancienne législation, l'article 17 de la loi de 1975 précitée disposait : « La demande en sursis peut être formée en même temps que la demande principale et par la même requête ».

L'analyse de cette disposition permet de relever deux choses : la première c'est que le recours gracieux devient, de manière autonome, donc indépendamment du recours contentieux, un acte susceptible de suspendre l'exécution d'une décision administrative à condition que l'exécution de la décision querellée soit de nature à causer à l'administré un préjudice irréparable, d'une part, et, d'autre part, que ladite décision ne puisse porter atteinte ni à l'ordre, ni à la sécurité, encore moins à la tranquillité publique. La seconde c'est qu'à travers cette disposition, le législateur admet de manière implicite, l'exigence d'un recours gracieux parmi les conditions de recevabilité de la demande de sursis à exécution. Le justiciable peut désormais, par le biais du recours précontentieux, suspendre l'exécution d'une décision, de même qu'introduire sa demande de sursis à exécution avant la demande principale, à condition de présenter son recours contentieux dans la soixantaine à compter du prononcé du sursis à peine de caducité.

Cette interprétation est bien admise par la jurisprudence en la matière. Dans les affaires *Biwolé Sida Magloire contre État du Cameroun et Social Democratic Front (SDF) contre État du Cameroun*, objet des ordonnances de sursis à exécution n° 6, du 26 mars 2009, et n° 01 du 23 janvier 2009, respectivement, le juge administratif avait rejeté, implicitement la saisine sans recours gracieux[159]. En effet, le sursis à exécution peut être demandé dès l'introduction du recours gracieux, en l'absence du recours contentieux[160] affirmait-il. Ainsi, les justiciables peuvent désormais soumettre, d'abord, le recours gracieux en vue de paralyser l'acte en question avant d'introduire le recours

---

[159] Voir pour une vue d'ensemble : C. KEUTCHA TCHAPNGA, *Précis de contentieux administratif au Cameroun… op. cit*, pp. 152 et ss.

[160] A. ONDOUA, « Pour une lecture orthodoxe de l'ordonnance de la Cour suprême n° 01/OSE/CCA/CS/2009 du 23 janvier 2009, Social Democratic Front (SDF) c. Etat du Cameroun », disponible sur le site http://www.google.fr/search; CS/CA, ordonnance n° 1 du 23 janvier 2009, *SDF c/ État du Cameroun*, *Juridis Périodique* n° 73/2009, p. 26, note C. Keutcha Tchapnga. Lire aussi, A. SALL, « Le sursis à exécution des décisions administratives dans la jurisprudence sénégalaise », *Revue internationale de droit africain*, n° 86/2010, pp. 9-45.

contentieux. Ceci conduit à la conclusion suivant laquelle la règle du recours gracieux reste en vigueur à l'exception du contentieux des actes des autorités décentralisées.

2. La réaffirmation de l'exception

Il convient de rappeler que selon l'article 72 alinéa 2 de la loi de 2004 portant orientation de la décentralisation, lorsque l'acte attaqué, pris par une autorité décentralisée, est de nature à compromettre l'exercice d'une liberté publique ou individuelle, le président de la juridiction administrative saisie ou un de ses membres, délégué à cet effet, prononce le sursis dans un délai maximal de quarante-huit heures. On peut noter ici une exclusion du recours gracieux dans ce contentieux d'urgence dit accessoire. En effet, les notions de libertés publiques collectives et celles de libertés individuelles rejoignent l'ensemble des matières relevant du contentieux d'urgence spéciale où s'applique la dispense du recours gracieux.

L'exclusion du recours précontentieux en ces matières peut, par ailleurs, être soutenue par l'idée exprimée par un observateur à savoir que les libertés individuelles constituant une protection avancée de toutes les autres, le constituant a entendu leur confier une protection spéciale ; de même il a confié la protection des libertés publiques au juge administratif, gardien de la légalité républicaine, conformément à la tradition libérale française reprise par le droit camerounais[161]. Cette exception n'a pas été remise en cause, elle reste applicable en la matière.

---

[161] L. DONFACK SOKENG, « Les incertitudes de la notion de "libertés publiques" », *Annales de la Faculté des Sciences Juridiques et Politiques de l'Université de Dschang*, Yaoundé, Presses universitaires d'Afrique, t. 1, vol., 2, 1997, p. 30.

B. Le caractère soutenable du recours gracieux dans les contentieux ordinaires et du sursis à exécution

Le choix du législateur camerounais de maintenir la règle du recours gracieux dans les contentieux ordinaires est acceptable. Il en est ainsi parce que le recours gracieux comporte un certain nombre d'intérêts. En effet, ce recours comporte deux objectifs. Dans un premier temps, il permet aux administrés de donner la possibilité à l'administration de se repencher sur les doléances soulevées et de lier le contentieux[162]. Autrement dit, il invite l'autorité administrative à modifier sa position. Il ne s'agit « pas d'informer l'administration de l'existence d'une revendication, mais de lui permettre éventuellement de prendre ou de reformer »[163] l'acte en cause. Dans un second temps, cette exigence contribue à la démocratisation de l'administration dans la mesure où elle tend à associer les administrés à la mise en place des décisions qui leur sont appliquées[164].

Au-delà de cet intérêt essentiellement centré sur le droit dit écrit, on peut aussi dire que le recours gracieux participe de la prise en compte des traditions africaines par ce droit dit écrit.

---

[162] H. BONNEAU, « La règle de la décision préalable devant les tribunaux administratifs », *op. cit*, p. 11 ; J. CHEVALIER, « Réflexions sur l'arrêt CADOT », *Recueil Dalloz*, n° 9, la fonction de juger, 1989, pp. 79-91 ; Voir, par exemple, Tribunal d'État, arrêt n° 296/T.E, du 24 août 1963 Dame *Beloui Veron*, cité par J. BINYOUM et P. NGOLE NGWESSE, *Éléments de contentieux administratif camerounais*, *op. cit*, p. 36 ; H. JACQUOT, « Le contentieux administratif au Cameroun », *Revue camerounaise de droit*, n° 8/1975, p. 113. Notons que cette transposition s'est aussi poursuivie en droit du contentieux communautaire de la CEMAC. Sur cette question, lire O. FANDJIP, « Bilan de la cour de justice à la naissance d'une cour des comptes dans l'espace CEMAC : regard sur le droit à un procès équitable », *RRJ*, n° 3/2012, pp. 1557-1586.

[163] CFJ/SCAY, arrêt n° 47, 30 avril 1968, *Mbassi Medjo Nicolas c/ État du Cameroun.*

[164] B. DELAUNAY, *L'amélioration des rapports entre l'administration et les administrés. Contribution à l'étude des réformes administratives depuis 1945.* Paris, LGDJ, coll. « Bibl. de droit public », 1993, p. 17 ; E. PREVEDOUROU, *Les recours administratifs obligatoires. Étude comparée des droits allemands et français*. Paris, LGDJ, coll. « Bibl. de droit public », t. 180,1996, pp. 106 et ss.

L'idée ici est celle de la conciliation ; mode traditionnel de résolution des différends en Afrique. En effet, en Afrique précoloniale, la justice était assurée par les autorités traditionnelles au sein d'une organisation du pouvoir basée sur l'idée d'une association initiatique. Elles privilégiaient la conciliation et le maintien du lien entre les membres de la communauté. C'est sur cette base que prévalait la palabre ou encore la politique délibérative. Cette forme de juridiction conduisait les parties vers un consensus. Elle constituait une sorte de médiation donc un espace de discussion conduisant à l'adoption d'une sentence dont le but est de concilier les parties, de rechercher un compromis ou encore une résolution à l'amiable des litiges. Selon les termes du professeur Michel Alliot, rapportés par le professeur Gérard Conac, « l'Homme animiste est avant tout un responsable. Il ne recourt pas à la loi pour régler un différend. Ce serait la mettre au-dessus de l'Homme, il recherche collectivement la solution la mieux appropriée qui ne se réfère à aucune loi a priori ; il ne s'adresse aux tribunaux qui tranchent plus qu'ils ne concilient : ce serait mettre sa propre prétention au-dessus de l'adversaire. Il ne recherche pas à emporter une décision à la majorité : ce serait faire fi de la minorité [...] »[165]. La mise en place de cette médiation donnait la voie à la discussion et à la conciliation (pardon) en vue de restaurer la paix et maintenir le lien social. La palabre part de l'idée que « l'ordre social a été ébranlé, même [...] par celui qui a raison. L'enjeu n'est pas la justice à appliquer en faveur d'un individu, mais l'harmonie à instaurer au sein d'une communauté [...] »[166]. Ainsi, en dehors de l'idée de la « protection de l'administration contre les procès surprises »[167], comme étant la raison d'être des formalités

---

[165] G. CONAC, « Les politiques juridiques des Etats d'Afrique francophone au lendemain des indépendances », *in Mélanges en l'honneur du professeur* Gustave *Peiser*, Presses universitaires de Grenoble, coll. « Droit public », 1995, p. 156.

[166] B. ATANGANA, « Actualité de la palabre ? », *Études*, n° 324/1996, p. 462. Disponible sur le site : http://gallica.bnf.fr/ark:/12148/bpt6k441805d/f32.image.r=jesus.langFR. Consulté le 15/06/2014 à 17h.

[167] R.-G. NLEP, *L'administration publique camerounaise...*, *op. cit*, p. 260.

précontentieuses, on peut aussi y voir l'idée de conciliation encore très présente en Afrique[168]. Ce modèle de justice a longtemps prévalu en Afrique avant d'être concurrencé avec l'avènement de la colonisation[169]. Cela peut expliquer le recours impératif à cette formalité préalable que l'on peut assimiler ainsi à cette justice de proximité. Elle a l'avantage d'éviter des procès qui s'allongent, y compris leurs coûts financiers et les humiliations encourues par les justiciables. Cette règle paraît donc adaptée au contexte social, psychologique, économique et culturel de ces pays[170]. Le professeur Demba Sy fait remarquer qu'en Afrique, « les administrés méconnaissent largement le droit étatique et l'existence des voies de recours et refusent souvent de recourir aux juridictions étatiques, préférant d'autres modes de règlements comme la négociation, les interventions, les démarches »[171]. En dépit de sa « dénaturation exotique, le symbole de l'arbre à palabre témoigne de la recherche du consensus dans le traitement des affaires et non pas à sublimer l'argumentation juridique au risque d'enraciner le litige »[172]. De ce point de vue, dans les matières autres que le référé, la règle du recours gracieux comporte plus d'avantages que d'inconvénients pour le justiciable. En revanche, on notera que la consécration de cette règle en matière de référé, comme l'a fait récemment le législateur camerounais, est regrettable. C'est ce qu'il convient de démontrer dans la section suivante.

---

[168] Y. BRARD, « Réflexions sur le code gabonais des juridictions administratives (Loi n° 17/84 du 29 décembre 1984) », *Revue juridique et politique des États francophones*, n° 3-4/1985, p. 925.

[169] G. CONAC, « Les politiques juridiques des Etats d'Afrique francophone au lendemain des indépendances », *op. cit*, *ibid* ; T. RAMBAUD, *Introduction au droit comparé. Les grandes traditions juridiques dans le monde*, Paris, PUF, coll. « Quadrige manuels », 2014, p. 215 et s.

[170] J.-G. BIDIMA, *La palabre. Une juridiction de la parole*, Paris, Michalon, 1997, p. 10.

[171] DEMBA SY, « Justice administrative et droit administratif en Afrique. Un bilan », *in Espaces du service public, Mélanges en l'honneur de Jean du Bois de Gaudusson*, Presses universitaires de Bordeaux, t. 1, 2013, p. 667.

[172] J.-D. BOUKONGOU, « L'esprit des droits africains », *in De l'esprit du droit africain. Mélanges en l'honneur de Paul Gérard Pougoué*, Paris, Wolters Kluwer, 2014, p. 169.

Section II. L'intérêt d'une exclusion du recours gracieux en matière de référé

Avant la réforme de 2006, la tendance a été celle de l'exclusion du recours gracieux en matière d'urgence[173]. Depuis la réforme, dans les procédures d'urgence dite spéciale, le législateur a implicitement réitéré l'exclusion du recours gracieux. Mais en ce qui concerne le référé, il a opéré un reflux regrettable (**§ 1**). Pourtant, une exclusion est intéressante en cette matière (**§ 2**).

§ I. L'exposé de la consécration du recours gracieux en matière de référé

Cette consécration apparaît à l'article 27 alinéa 1 de la loi n° 2006/022 portant organisation et fonctionnement des Tribunaux administratifs. Cet article dispose que : « dans les cas d'urgence, le président du Tribunal ou le magistrat qu'il délègue peut, sur requête et si le demandeur justifie de l'introduction d'un recours gracieux, les parties convoquées et après conclusions du ministère public, ordonner, en référé toutes les mesures utiles sans faire préjudice au principal ».

Le législateur camerounais a ainsi, comme l'affirme un observateur, repris une tendance jurisprudentielle inaugurée par l'affaire *Sosso Emmanuel* le 08 décembre 1988[174]. En effet, jadis, le juge administratif avait fermement affirmé dans l'affaire *Sighoko Fossi Abraham*[175], rendue le 18 janvier 1984, que la procédure de référé est indépendante de la saisine préalable de l'administration, que les parties sont dans la pratique dispensées de cette formalité car, il faut que les mesures prises en référé interviennent rapidement ; qu'il n'y a

---

[173] Sur l'ensemble lire J- BIPELE KEMFOUEDIO, O. FANDJIP, « Le nouveau procès administratif au Cameroun : réflexion sur le recours gracieux en matière d'urgence », *RIDC*, n° 4/2012, pp. 973-993.

[174] C. KEUTCHA TCHAPNGA, « La réforme attendue du contentieux administratif au Cameroun », *op. cit*, p. 29.

[175] Ordonnance de référé n° 12 du 18 juillet 1984, *Sighoko Fossi Abraham c/ État du Cameroun.*

pas lieu d'exiger un recours administratif préalable au recours juridictionnel à un administré qui subit un préjudice grave afin d'y mettre fin. Ce d'autant plus que seule la procédure de référé permet d'éviter un tel préjudice. On pouvait donc admettre qu'en adoptant une telle position, le juge avait enfin disqualifié le recours gracieux en matière de référé et par conséquent avait consacré un droit de citation directe en cette matière[176]. Cependant, dans l'affaire *Sosso Emmanuel*, le juge va affirmer que le recours de ce requérant était irrecevable pour défaut d'un recours gracieux préalable[177]. Quelle peut être la portée de cette position désormais adoptée par le législateur ? Il faut dire qu'une telle position comporte des avantages et des inconvénients. Mais les inconvénients l'emportent sur les avantages.

§ II. L'exclusion nécessaire du recours gracieux en matière de référé

Il est possible de dire que le choix du législateur camerounais présente deux avantages majeurs : d'une part, et dans un premier temps, il semble qu'il a bien voulu mettre fin à l'embarras dans lequel la jurisprudence, relative à l'exigence du recours gracieux en matière de référé avait plongé les justiciables alors que, l'article 12 de l'ordonnance de 1972 repris par la loi de 2006, prescrivait un recours gracieux par la formule générique de « recours devant la Cour suprême » ou encore de « recours devant le Tribunal administratif »[178], sans faire une distinction entre un recours principal (légalité, responsabilité) et un recours dit accessoire (référé, sursis). Dans un second temps, il faut noter que le législateur manifeste, par là, une certaine prudence. Comment ne pas penser que l'exclusion du recours gracieux pourrait conduire à un abus des

---

[176] En ce sens, B.-R. GUIMDO DONGMO, *Le juge administratif camerounais et l'urgence. Recherche sur la place de l'urgence dans le contentieux administratif camerounais. op. cit*, p. 79.

[177] CS/CA, ordonnance de référé n° 6 du 8 décembre 1998, *Sosso Emmanuel c/ Crédit Foncier du Cameroun, Juridis Périodique* n° 45/2000, p. 41, note C. Keutcha Tchapnga.

[178] Article 17 de la loi n° 2006/022, *précitée*.

procédures d'urgence, à une extinction de l'office normal du juge, ou mieux, à une invasion du prétoire par les procédures d'urgence ? La doctrine, en France, l'avait d'ailleurs fait observer au sujet de la réforme de 2000[179]. D'autre part, on pourrait dire que le législateur camerounais a souhaité rappeler au juge administratif qu'il ne doit jamais, de manière délibérée, s'éloigner des règles de droit en vigueur. En effet, dans un gouvernement républicain, souligne Montesquieu, il est de la nature de la Constitution que les juges suivent la lettre de la loi[180]. La dispense du recours gracieux, admis par le juge dans l'affaire *Sighoko*, s'apparentait à une violation de l'ordonnance de 1972 ci-dessus évoquée. À la suite donc du juge dans l'affaire *Sosso Emmanuel*, on pourrait conclure que le législateur a apporté un correctif à ce qu'il convenait de qualifier d'aberration. Vue sous un autre angle, cette consécration comporte de nombreux inconvénients. Ceux-ci permettent de soutenir l'idée de l'exclusion du recours gracieux en cas de référé.

Par ailleurs, il faut relever que contrairement à son homologue français[181], le législateur camerounais semble ne pas partager l'idée qu'il est urgent d'alléger les conditions de recevabilité des demandes en référé. Cela est pourtant facile à comprendre. En effet, en statuant comme juge de l'urgence, le

---

[179] D. LABETOULLE, « Débats », *in* P. Wachsman, (dir), *Le nouveau juge des référés. Réflexions sur la réforme opérée par la loi du 30 juin 2000*, Annales de la Faculté de Strasbourg, coll. de l'Université de Strasbourg, Presses universitaires de Strasbourg, Nouvelle série, n° 5/2002, p. 165.

[180] MONTESQUIEU, *De l'esprit des lois*, livre VI, chapitre III.

[181] En ce sens voir O. FANDJIP, « Le juge administratif français face à l'urgence », *in* Charles-André Dubreuil (dir), *L'évolution du droit administratif en France et en Russie*, *op. cit*, pp. 267-281. La loi du 30 juin 2000 en France, entrée en vigueur le 1er janvier 2001, a apporté une cure de jouvence aux procédures d'urgence. En effet, il était unanimement admis que les procédures d'urgence souffraient des contradictions ne leur permettant pas de faire obstacle à l'exécution des décisions. L'examen des requêtes plusieurs mois après leur introduction. Depuis cette réforme, on peut remarquer que même dans les hypothèses où le recours précontentieux serait incontournable, comme en matière de responsabilité (au sujet de la décision préalable), le référé administratif en est dispensé. Voir, P. FOILLARD, *Droit administratif*, Orléans, Centre de publication universitaire, 8e éd., 2004, p. 392.

juge n'adopte qu'une mesure provisoire[182]. Le professeur Louis Vogel rappelle que l'une des raisons d'être des procédures d'urgence c'est la recherche de la célérité dans le règlement des litiges, « le rythme du droit étant un élément important dans une société démocratique. En général, il est reproché au droit d'être trop lent, d'arriver tard ; les procédures d'urgence apparaissent, alors, comme un moyen destiné à faire face aux lenteurs connues en matières ordinaires. C'est pourquoi, même si dans l'urgence il n'est pas facile de décider, il faudrait bien que certaines »[183] règles de procédure puissent être assouplies[184] face à l'urgence.

Par ailleurs, cette consécration du recours gracieux en cette matière semble être en contradiction avec le souci de célérité que semble avoir intégré le législateur camerounais, en ce qui concerne l'instruction de la requête en référé. Selon l'article 27 alinéa 2 de la loi de 2006/022 précitée, la notification de la requête en référé saisissant la juridiction doit être immédiatement faite au défendeur, par la juridiction, assortie de la fixation d'un délai de réponse ne pouvant excéder cinq (05) jours. On peut se poser la question de savoir si le juge administratif peut agir utilement quand on prend en compte la procédure concernant le recours gracieux. En d'autres termes, la saisine préalable de l'administration peut plonger le litige dans

---

[182] E. D. KEMFOUET KENGNY, *Le référé devant le juge administratif camerounais*, Mémoire de Maîtrise en droit public, Université de Dschang, 1998, p. 16.

[183] L. VOGEL, « Allocution d'ouverture », *in* O. Gohin, (dir), *Les procédures d'urgence : approche comparative*, éd., Panthéon Assas, 2008, p. 13.

[184] Un certain nombre d'exceptions, remarquables, existent en droit français en cette matière à savoir : « dispense de la décision préalable ; dispense de recours obligatoire [...] ; dispense d'autorisation d'agir en justice et donc de régulation sur ce point ; dispense systématique du ministère d'avocat, en cas de demande de référé-liberté ; dispense d'instruction "lorsqu'il apparaît manifeste, au vu de la demande, que celle-ci est irrecevable ou qu'elle est mal fondée"[...] ». Voir O. GOHIN, « Les procédures d'urgence dans le contentieux administratif général », *in* O. Gohin, (dir), *Les procédures d'urgence : approche comparative*, *op. cit*, p. 153.

le temps[185]. Il est alors intéressant de disqualifier la règle du recours gracieux en matière de référé.

Ainsi, la consécration du recours gracieux apparaît, au moins pour deux raisons, comme étant une régression insoutenable. D'une part, au regard de la finalité de cette procédure qualifiée à juste titre de préventive et de rapide[186]. Le recours gracieux peut nuire à la possibilité de relever le défi du temps[187]. Et on sait que dans la majeure partie des affaires, l'administration ne donne pas une suite favorable au recours gracieux.

D'autre part, subordonner l'action du juge administratif, de manière générale[188], à l'exercice préalable d'un recours administratif, et en particulier celui du juge des référés, c'est, comme le précise le professeur Jean-François Brisson, « instituer des actions juridictionnelles devant des autorités qui sont dépourvues des garanties organiques dont jouit, en principe, le juge. C'est une confusion des voies administratives et juridictionnelles ou encore des principes d'organisation du contentieux administratif »[189]. Il est plus intéressant de réduire les exigences procédurales en matière d'urgence, notamment en ce qui concerne le référé. Ce recours administratif est susceptible de rallonger la durée du procès. Dans ces conditions, le droit d'accès au juge n'est pas garanti.

Il convient également de noter que l'exclusion du recours gracieux en matière de référé est importante pour la sécurité

---

[185] H.-C. NJOCKE, « Juridiction administrative : une réforme inachevée », *op. cit*, p. 59.

[186] Le juge, lui-même, admet que l'urgence constitue le fondement même de la décision de référé. Voir, ordonnance n° 7/1977-1978, *Lélé Gustave c/ État du Cameroun.*

[187] En ce sens, F. MODERNE, « Le référé-liberté devant le juge administratif », *in* P. Wachsman, (dir), *Le nouveau juge des référés Réflexions sur la réforme opérée par la loi du 30 juin 2000*, *op. cit*, pp. 149 et 150 :

[188] Ces dernières années, les recours administratifs se sont progressivement multipliés dans le paysage juridique français et cela sous l'impulsion du législateur et de la jurisprudence. Voir B. BELDA, « Faut-il généraliser le recours administratif obligatoire ? », *RDP*, n° 6/2008, pp. 1483-1510.

[189] J.-F. BRISSON, *Les recours administratifs en droit public français*, Paris, LGDJ, coll. « Bibl. de droit public », t. 185,1996, p. 35.

juridique. La sécurité juridique est un principe qui comporte trois volets à savoir : la stabilité des situations juridiques, l'accessibilité et surtout l'intelligibilité des normes juridiques. En raison de ce principe, l'adoption de la règle du recours gracieux en matière de référé est susceptible de perdre les justiciables car dans les contentieux d'urgence dite spéciale, le droit camerounais a disqualifié cette règle. Comment est-il donc possible de la maintenir en cas de référé sans dérouter les justiciables, compte tenu des rapprochements qui existent entre ces différents types de contentieux ? Il est donc nécessaire, au nom du principe de sécurité juridique, d'harmoniser le régime juridique du recours gracieux dans ces différents contentieux d'urgence.

Les contentieux d'urgences spéciales concernent les matières électorale, partisane et associative sans oublier le contentieux des actes pris par les autorités décentralisées. En matières électorales, partisanes et associatives, la règle du recours précontentieux a été considérablement exclue en droit camerounais. Le droit de saisir directement le président de la juridiction administrative se manifeste à travers diverses formules utilisées par le législateur. En effet, les contestations relatives, par exemple, à la dissolution d'un parti politique se font par simple requête. La terminologie employée est bien variée : soit la loi parle de « simple requête », soit de « simple déclaration au greffe », ou encore que la requête peut être faite « au besoin par télégramme »[190]. En matière d'élection des conseillers municipaux, par exemple, l'article 34 alinéa 1 (nouveau) de la loi n° 92/002 du 14 avril 1992 dispose que « les contestations font l'objet d'une simple requête »[191]. En ce qui

---

[190] B.-R. GUIMDO DONGMO, *Le juge administratif camerounais et l'urgence…*, *op. cit*, p. 33.

[191] Loi n° 2006/010 du 29 décembre 2006, modifiant et complétant la Loi n° 92/002 du 14 août 1992. Cette nouvelle loi n'a pas abrogé l'exception à la règle comme dans le cas de la loi du 17 septembre 1992 relative aux conditions d'élection et de suppléance à la Présidence de la République. Il convient de souligner que cette dernière loi a fait l'objet d'une modification lors de la session extraordinaire de l'Assemblée nationale camerounaise du mois d'avril 2011.

concerne la dissolution, la suspension ou le refus de légaliser un parti politique ou une association, l'administré est dispensé du recours administratif, conformément aux articles 17 alinéa 2, 18 alinéas 3 et 8 et 13 alinéa 3 des lois n° 90/05 et 90/053 du 19 décembre 1990 sur les partis politiques ainsi que les associations respectivement. En effet, l'article 13 de la loi susvisée précise que « par dérogation à l'article 12 de l'ordonnance n° 72/6 du 26 août 1972, fixant l'organisation de la Cour suprême, les actes prévus aux alinéas 1 et 2 ci-dessus sont susceptibles de recours sur simple requête devant le président de la juridiction administrative ». Il en est de même de l'article 94 de la loi n° 92/010 du 17 septembre 1992 relative à l'élection présidentielle.

Les ordonnances n° 02/O/PCA/CA/CS du 16 décembre 1992, *Union des Populations du Cameroun (UPC-MANIDEM) contre État du Cameroun (Minat)* et n° 26/O/PCA/CA/CS du 26 septembre 1991, *Comité d'Action Populaire pour la liberté (CAP-LIBERTE) contre État du Cameroun (Minat)* sont des exemples de mise en œuvre de ces dispositions. En cette matière, le juge s'est prononcé pour la première fois[192] dans l'espèce *Union Nationale Camerounaise (Stanley Akwote Akondi) contre État du Cameroun (Minat)*, objet de l'ordonnance n° 439/91-92 du 9 avril 1992 PCA/91-92. De même, le décret n° 2008/052 du 30 janvier 2008 modifiant et complétant le décret n° 2007/255 du 04 septembre 2007, fixant les modalités d'application de la loi n° 97/012 du 10 janvier 1997 relative aux conditions d'entrée et de sortie des étrangers au Cameroun, dispense de la formalité du recours gracieux l'étranger ayant fait un recours contre l'acte de reconduite à la frontière. Le contentieux de la suspension et de la dissolution des organisations non gouvernementales en fait également partie[193].

---

[192] CS/PCA/91-92, ordonnance n° 439/91-92 du 9 avril 1992, *Union nationale camerounaise (Stanley Akwote Akondi) c/ État du Cameroun*, *Juridis Info*, n° 19/1994, pp. 27-33, note B.-R. Guimdo Dongmo.

[193] Article 22 de la loi n° 99/014 du 22 décembre 1999 régissant les organisations non gouvernementales. Cependant certaines formules utilisées par le législateur et comprises comme étant des dispenses au recours gracieux,

S'agissant du contentieux des actes des autorités municipales, il faut rappeler qu'en prélude à l'article 72, précédemment évoqué dans le cadre du sursis à exécution, l'article 71 alinéa 2 de la loi n° 2004/017 du 23 juillet 2004 portant orientation de la décentralisation dispose que l'autorité de tutelle défère à la juridiction administrative compétente les actes pris par les autorités décentralisées, prévus aux articles 68 et 69, qu'elle estime entachés d'illégalités dans un délai maximal d'un (01) mois à compter de leur réception. Ces dispositions consacrent une exclusion, du moins implicite, du recours gracieux[194]. En excluant la règle du recours

sont discutables. En effet, l'expression « simple requête » ne pourrait automatiquement pas être entendue comme étant une exclusion du recours gracieux. Elle peut aussi renvoyer à une dispense de l'exigence de joindre à son recours une copie de la décision attaquée. On ne peut s'empêcher d'analyser aussi ce vocable dans ce sens. Le législateur aurait bien pu, afin d'éviter toute équivoque, reprendre la formule de l'article 13 de la loi de 1990, sur les partis politiques, qui est à cet effet exempte de toute confusion lorsqu'il parle de « dérogation à l'article 12 de l'ordonnance de 1972 ».

[194] L'analyse du mécanisme du recours gracieux tel que prévu aux articles 17 et suivants de la loi n° 2006, précitée, le montre. Selon ce mécanisme, le recours gracieux doit, d'abord, être exercé à peine de forclusion soit, dans les trois mois de la publication ou de la notification de l'acte attaqué, soit dans les six mois suivant la réalisation du dommage, soit, enfin, dans les quatre ans à partir de la date à laquelle l'autorité ayant compétence liée a été défaillante. Ensuite, l'autorité administrative dont l'acte est critiqué dispose, en ce qui la concerne, d'un délai de trois mois pour réagir. Le silence gardé pendant ce délai entraîne une décision implicite de rejet offrant, enfin, la possibilité au justiciable de saisir la juridiction administrative dans un délai de soixante jours à compter de la décision de rejet (Articles 17 et 18 de la loi de 2006). Par contre, la loi de 2004 précise que l'autorité de tutelle exerce un recours contentieux dans un délai maximal d'un mois à compter de la réception de l'acte critiqué. On pourrait dire, dès lors, qu'en fixant ainsi le « dies a quo » à la date de la réception dudit acte, le législateur a exclu l'exigence du recours précontentieux. S'il en était autrement, la loi aurait emprunté la formule de l'article 18 alinéa 1 de la loi de 2006 précitée c'est-à-dire : « un mois à compter de la décision de rejet du recours gracieux [...] ». Cette disposition implique donc que le préfet qui exerce la tutelle sur les collectivités territoriales décentralisées, par exemple, est dispensé de l'exigence du recours gracieux au cas où il porterait un acte pris par le maire à la sanction, éventuelle, du juge. Cela nous semble tout à fait logique. L'autorité de tutelle, dont les pouvoirs font peser déjà sur l'autonomie accordée aux collectivités locales une certaine limitation, ne saurait être liée par l'exigence d'un recours

gracieux en matière de référé, le législateur mettra les justiciables loin des confusions donc en harmonie avec le principe de sécurité juridique.

Enfin, exclure la règle du recours gracieux en matière de référé s'inscrit dans l'air du temps avec notamment le renforcement des garanties juridictionnelles relatives à la protection des droits des administrés. En effet, une telle exclusion serait bien en adéquation avec le contexte socio-politique marqué depuis 1990 en Afrique, en général et au Cameroun en particulier, par une attention particulière à l'égard des droits et libertés. Le Cameroun se présente, dans ce contexte, comme un pays caractérisé par la liberté de vote. Il s'agit d'un État dans lequel le citoyen est libre de participer à des élections, d'élire le candidat de son choix et, surtout, de contester le scrutin s'il le juge irrégulier[195]. La liberté d'association, par exemple, et le droit de vote sont apparus comme le fondement du pouvoir politique dans l'État moderne ; c'est le temps où le droit de suffrage reprend toute sa signification, un temps de restauration de la solution électorale comme mode de résolution des conflits[196]. Il est donc important pour le législateur d'assortir ce droit des garanties juridictionnelles. Ces garanties juridictionnelles ne sont efficaces que si elles sont accessibles aux administrés. Pour ce faire il faut assouplir certaines règles comme le recours gracieux.

---

gracieux adressé à l'autorité municipale vis-à-vis de laquelle il joue le rôle de tuteur. On peut admettre que cette exclusion est valable pour tous les contentieux engagés par l'autorité de tutelle contre les actes des autorités sous-tutelles. L'ensemble de ces matières, pouvant être portées directement devant le juge administratif, ont trait aux libertés publiques.

195 C. SIETCHOUA DJUITCHOKO, « Introduction au contentieux des élections législatives camerounaises devant la Cour suprême statuant comme Conseil constitutionnel », *Juridis Périodique*, n° 50/2002, p. 81.

196 J-P. NGUEMEGNE, « Réflexion sur l'usage et le respect des droits de l'homme au Cameroun : le droit de vote depuis 1990 », *in Vers une société de droit en Afrique centrale (1990-2000)*, Yaoundé, Presses de l'Université Catholique d'Afrique Centrale, 2001, p. 152.

Conclusion

Malgré l'importance du recours gracieux, celui-ci est une limite à l'accès au juge particulièrement en matière de référé. Cette formalité assure une certaine protection à l'administration. Un observateur a évoqué à cet égard une protection « contre les procès surprises »[197].

Il est certes vrai que pour les justiciables, le recours gracieux peut les préserver de la longue attente, inhérente à toute procédure juridictionnelle, puisqu'il permet, en cas de succès, à l'administration de régler le litige à l'amiable et dans des délais réellement plus brefs[198]. Mais s'agissant des contentieux en référé, et compte tenu du comportement souvent méprisant de l'administration à l'endroit des administrés, il pose un problème sérieux aux justiciables. C'est en ce sens qu'une étude réalisée récemment au Cameroun a relevé que la majeure partie des administrations « semblent penser que leur mission est de servir le gouvernement et tout service aux usagers est considéré comme une faveur ou quelque chose qui nécessite un paiement supplémentaire »[199]. Dans le même ordre d'idées, « la plupart des agents publics semblent questionner l'intérêt qu'un usager aurait à avoir [par exemple] accès aux documents administratifs »[200]. Cela explique le peu d'intérêt qu'ils accordent aux recours administratifs introduits à leur attention. C'est pour toutes ces raisons que cette suppression est soutenable.

[197] R.-G. NLEP, *L'administration publique camerounaise « contribution à l'étude des systèmes africains d'administration publique »*, *op. cit*, p. 260.
[198] R. CHAPUS, *Le droit du contentieux administratif*, Paris, Montchrestien, coll. « Précis Domat », 1982, p. 200.
[199] *Droit d'accès à l'information et transparence administrative au Cameroun : étendue et limites du cadre normatif et institutionnel.* Initiative de gouvernance citoyenne, Yaoundé, Imprimerie Saint-Paul, 2010, p. 22.
[200] *Ibid.*

Chapitre 2

Le maintien d'un clair-obscur sur le recours de tutelle

L'ordonnance n° 72/06 du 26 août 1972 qui organisait la Cour suprême[201], adoptée avant la loi de 2006, en son article 12, n'avait classé que le recours gracieux au rang des recours administratifs préalables au recours contentieux. Ce sont des textes particuliers qui y ont ajouté un second recours à savoir : le recours de tutelle, notamment en ce qui concerne les contentieux contre les actes des autorités locales. Il s'agit, notamment, des lois n° 2004/017[202], 018[203] et 019[204] du 23 juillet 2004, du décret n° 77/91 du 25 mars 1977, modifié par le décret n° 90/1464 du 09 novembre 1990, déterminant les pouvoirs de tutelle sur les communes les syndicats et les établissements publics communaux, la loi n° 87/15 du 15 juillet 1987 portant création des communautés urbaines.

C'est cela qui fait la particularité du contentieux des actes des maires et délégués du gouvernement en droit camerounais. Cette particularité ne semble pas être bien connue de la jurisprudence. La position du juge à l'égard de cette formalité se caractérise par l'instabilité. Cette situation n'a malheureusement pas été corrigée à l'occasion des récentes réformes du contentieux administratif. Ce clair-obscur qui singularise la règle du recours de tutelle a été maintenu. En effet, le législateur n'a pas encore songé à mettre fin aux incertitudes alimentées par la jurisprudence.

Il est important d'apporter des clarifications à cette règle car elle conduit à des rejets parfois injustifiables des recours

---

[201] Cette ordonnance a été abrogée par la loi n° 2006/015 du 29 décembre 2006, organisant cette même juridiction.
[202] Portant orientation de la décentralisation.
[203] Fixant les règles applicables aux communes.
[204] Fixant les règles applicables aux régions.

contentieux (**Section 2**). Pourtant, c'est une exigence qui est juridiquement fondée (**Section 1**).

Section I. Les sources de la règle du recours de tutelle

Le justiciable camerounais est certainement souvent amené à se demander si le recours de tutelle doit être considéré comme un préalable au recours contentieux, notamment lorsque le litige porte sur une décision adoptée par un maire ou un délégué du gouvernement. Des arguments à la fois théoriques et textuels permettent de justifier l'exigence d'une telle formalité (**§ 1**). Dans ces conditions, ce recours dit de tutelle devient une formalité précontentieuse supplémentaire (**§2**).

§ I. La tutelle comme boussole de la décentralisation[205]

Le recours de tutelle, tout comme les recours gracieux et hiérarchique, est un recours dit interne, ou encore un recours administratif, par opposition au recours contentieux qui est considéré comme étant un recours externe[206]. Il ressort à la lecture combinée de la loi n° 87/15 du 15 juillet 1987 portant création des communautés urbaines et du décret n° 77/91 du 25 mars 1977, précité, modifié en 1990, portant sur le pouvoir de tutelle[207] qu'un recours de tutelle est exigible lorsqu'une action est dirigée contre une décision prise par une autorité municipale. Plus précisément, l'article 56 de la loi n° 87/15, ci-dessus visée, dispose qu'aucune action contre la communauté urbaine n'est recevable si le demandeur n'a pas préalablement adressé à l'autorité de tutelle une requête exposant l'objet et les motifs de sa réclamation dans les délais prévus par la législation en matière de contentieux administratif. En effet, « seuls le

---

[205] Un observateur parle de la tutelle comme la « guidance et orientation de la décentralisation ». J. OWONA, *La décentralisation camerounaise*, Paris, L'Harmattan, coll. « Droits Africains et Malgache », 2011, p. 119.

[206] S. BILONG, *Approche méthodologique du droit administratif, op. cit*, p.131.

[207] Voir aussi article 55 de la Constitution camerounaise du 18 janvier 1996, révisée le 14 avril 2008.

délégué du gouvernement auprès de la communauté urbaine en premier lieu et le préfet du département où se situe la communauté urbaine en second lieu, sont habilités à recevoir les recours gracieux dirigés contre les actes du délégué du gouvernement [...] »[208]. Tel est le rappel fait par le juge dans l'affaire *Entreprise des travaux d'hydrauliques et de génie civil contre communauté urbaine de Yaoundé.*

L'expression « les recours gracieux » utilisée par le juge dans cette affaire peut prêter à équivoque car on pourrait penser que le juge assimile, ainsi, le recours administratif adressé à l'auteur de l'acte en cause[209], au recours de tutelle. Ce vocable doit être considéré comme étant un terme générique visant à désigner les deux recours précontentieux en vigueur. Ces recours ont pour but d'amener l'autorité administrative, directement ou indirectement concernée par le litige[210], à y apporter une solution amiable. En d'autres termes, suivant une acception au sens large, le recours gracieux proprement dit autant que le recours de tutelle sont des recours gracieux. Ainsi, « tout recours gracieux dirigé contre un acte du délégué du gouvernement et qui est adressé à une autorité autre que ledit délégué du gouvernement en premier lieu puis au préfet compétent en cas d'insuccès, est mal dirigé et entraîne l'irrecevabilité du recours contentieux dont il sert de support »[211].

En effet, dans cette affaire, l'entreprise requérante avait en date du 15 novembre 1990, à la suite de la destruction de ses bureaux, le 6 juin 1990, par la communauté urbaine, introduit une requête contentieuse en vue d'obtenir réparation du préjudice subi. Cette dernière avait, auparavant, introduit un recours administratif auprès du délégué du gouvernement en

---

[208] *Cf.* Jugement n° 66/CS/CA du 18 juin 2008, *Entreprise des travaux d'hydraulique et de génie civil c/ Communauté urbaine de Yaoundé.*

[209] Voir article 17 de la loi n° 2006/022 relative aux tribunaux administratifs.

[210] C'est-à-dire l'auteur même de l'acte, notamment le maire ou le délégué de gouvernement, et indirectement c'est-à-dire l'autorité de tutelle.

[211] CS/CA, jugement n° 66, 18 juin 2008, *Entreprise des travaux d'hydrauliques et de génie civil c/ Communauté urbaine de Yaoundé.*

date du 19 juin 1990 et n'avait reçu aucune réponse. Pour rejeter son recours, le juge a rappelé, par ailleurs, que « [...] le recours gracieux en date du 15 juin 1990 sollicitant la condamnation de la communauté [...] sur lequel s'appuie le [...] recours contentieux était adressé uniquement au délégué du gouvernement ; qu'il s'en suit que ledit recours gracieux est irrecevable tout comme le recours contentieux subséquent [...] ».

Par la suite, soit deux mois après, le juge va réitérer cette position dans l'affaire *Kwanya Nganwa André Richard contre communauté urbaine de Douala*[212]. Dans cette affaire, le requérant avait, en date du 7 mai 2001, introduit un recours contentieux tendant à la condamnation de la communauté urbaine de Douala à lui payer des dommages et intérêts à la suite de la destruction de son immeuble en date du 16 juin 2000. Le 4 décembre 2000, le requérant avait exercé un recours gracieux, resté infructueux, auprès du délégué du gouvernement. Pour rejeter son action, le juge va affirmer que : « [...] si le requérant a adressé un recours gracieux au délégué du gouvernement de la communauté urbaine de Douala conformément à la loi, aucune requête n'a été adressée à l'autorité de tutelle de ladite communauté urbaine en l'occurrence le préfet ; qu'il s'en suit que ce recours est irrecevable pour vice de forme ».

Théoriquement, l'existence d'une autorité de tutelle est le second élément de la décentralisation. Cela implique le contrôle exercé par le pouvoir central sur les activités des autorités décentralisées, car la décentralisation n'est pas synonyme d'indépendance entière, d'où l'importance d'un tel contrôle[213]. Le juge judiciaire semble, lui aussi, adopter la même démarche. En effet, dans une affaire relative à la destruction d'immeuble, un requérant avait saisi le Tribunal civil aux fins

---

[212] CS/CA, jugement n° 90/2008, 13 aout 2008.

[213] Ce contrôle ne doit cependant pas être trop étroit sinon on ne pourra plus dire que le groupe local s'administre lui-même. En ce sens, A. DE LAUBADERE, J. C. VENEZIA et Y. GAUDEMET, *Droit administratif, op. cit*, p. 181.

d'indemnisation après échec d'une tentative de conciliation. Le conseil de la communauté urbaine conclura à l'irrecevabilité de la requête, celle-ci n'ayant pas été précédée d'un recours de tutelle conformément à l'article 56 de la loi de 1987 sus-évoquée. Le requérant, quant à lui, soutenait que les recours administratifs préalables ne sont opposables qu'en matière de contentieux administratif et que la requête devant le juge judiciaire répond aux règles ordinaires de procédures civiles. Le juge déclara sa requête irrecevable[214]. Cette exigence du recours de tutelle conduit à dire qu'il existe deux recours administratifs dans le contentieux des actes des responsables locaux.

§ II. Le recours de tutelle : un recours administratif préalable supplémentaire

L'examen des textes ainsi que ces différentes décisions amène à constater qu'en plus du recours gracieux, le justiciable doit également justifier de l'introduction d'un recours de tutelle. Ceci apparaît comme étant le principe (**A**) car, à l'analyse de certains textes, notamment ceux qui portent sur la décentralisation, ce recours ne semble pas exigé lorsque l'action est exercée par l'autorité décentralisée elle-même (**B**).

A. Un recours supplémentaire dans l'action initiée par l'administré

Le recours gracieux, on le sait, est une exigence d'ordre public en contentieux administratif camerounais. Les décisions prises par des maires et des délégués du gouvernement, lesquelles font grief, au même titre que ceux des autres autorités administratives, doivent, à peine d'irrecevabilité, en cas de recours contentieux, satisfaire à cette exigence. En effet, lorsqu'une contestation qui peut être tranchée par le juge administratif survient à l'occasion d'une décision prise par

[214] Affaire *Kenfack Étienne c/ Communauté urbaine de Yaoundé*, jugement n° 335 du 20 avril 1994 tribunal de grande instance de Yaoundé, citée par S. BILONG, « La crise du droit administratif au Cameroun », *RJP*, n° 1/2011, p. 62.

l'autorité municipale, le requérant doit adresser un recours administratif préalable auprès de ladite autorité.

L'exigence de ce recours administratif, adressé à l'auteur de l'acte, ressort de manière constante de la jurisprudence. L'on peut évoquer quelques exemples. Dans l'affaire *Succession Ngo Ngué Célestin contre Communauté urbaine de Yaoundé*, le juge met implicitement en exergue cette exigence lorsqu'il rappelle que « le requérant avait adressé son recours gracieux à monsieur le ministre de l'administration territoriale chargé des collectivités publiques locales [...] alors que ledit recours aurait dû être adressé à monsieur le délégué du gouvernement [...] »[215]. Dans une décision très récente, à l'instar du jugement n° 15/2002-2003 du 28 novembre 2002, *Etong Anne contre Commune urbaine de Yaoundé*, le juge le rappelle en ces termes : « [...]attendu que le 1er décembre 1980, la recourante a adressé à monsieur le délégué du gouvernement auprès de la Commune urbaine de Yaoundé compétent son recours gracieux préalable en annulation de l'arrêté n° 317 du 8 octobre 1980 portant annulation de celui n° 274 du 23 août 1980 lui ayant accordé un permis de bâtir [...] que ce recours introduit dans le respect de la loi, doit être déclaré recevable [...] ». De même, pour le juge, la saisine d'une autorité autre que le maire ou le délégué du gouvernement dans le cadre du recours précontentieux est assimilable à une absence de recours qui est sanctionnée par l'irrecevabilité du recours contentieux[216].

Le recours de tutelle, en tant que recours administratif préalable, et parfois supplémentaire, dans le contentieux des actes des responsables locaux est clairement consacré dans les textes en matière de décentralisation. Il ressort par exemple de l'article 31 du décret n° 77/91 du 25 mars 1977, modifié par le décret n° 90/1464 du 09 novembre 1990 déterminant les pouvoirs de tutelle sur les communes les syndicats et les établissements publics communaux. En effet, « les actes du

[215] *Cf.* Jugement n° 66/CS/CA du 27 septembre 2001.
[216] Jugement n° 53/CS/CA du 25 juin 1992, *Tah Thomas c/ État du Cameroun.*

délégué du gouvernement, du maire ou de l'administrateur municipal[217] peuvent faire l'objet d'un recours gracieux auprès de leur auteur. En cas d'insuccès ou si le magistrat municipal garde silence pendant un mois, ils sont soumis à l'appréciation du préfet qui dispose de deux mois pour y donner son avis. Le silence gardé par le préfet vaut décision implicite de rejet [...] »[218]. Cette disposition qui est si clairement rappelée par le juge dans l'affaire *Kwanya*, semble avoir a été reprise par la loi de 2006 qui dispose que le recours devant le Tribunal administratif n'est recevable qu'après un recours gracieux adressé à l'autorité qui a pris l'acte attaqué.

Cela dit, la réalité de l'exigence d'un recours gracieux est avérée. Il en est de même pour l'autorité municipale, à l'instar du maire[219]. C'est en quelque sorte ce qui ressort également de la jurisprudence.

B. L'unique recours administratif préalable dans les actions initiées par les élus locaux : le recours gracieux

La question à ce niveau est celle de savoir si les autorités administratives locales, lesquelles autorités sont dotées de la faculté d'agir en justice, sont astreintes à l'obligation d'exercer, comme les administrés, un double recours administratif préalable. Seul semble exigé un recours gracieux. La raison en est que, sous l'égide de la loi portant orientation de la décentralisation, l'autorité administrative locale peut aussi exercer un recours contre l'acte pris par l'autorité de tutelle à l'encontre de sa décision.

En effet, suivant cette nouvelle législation, notamment la loi n° 2004/017 suscitée en ses articles 67 et 68, les pouvoirs de

---

[217] Soulignons, en passant, que les lois n° 92/002 et 92/003 du 14 août 1992 ont remplacé l'appellation d'administrateur municipal par celle de maire.
[218] *Cf.* jugement n° 90/2008 du 13 août 2008, *Kwanya Nganwa André Richard c/ communauté urbaine de Douala.*
[219] Cette possibilité est aussi offerte aux chefs des régions.

tutelle de l'État sur les collectivités territoriales sont exercés, sous l'autorité du président de la République, par le ministre des collectivités territoriales et par le représentant de l'État dans la collectivité territoriale. Ces représentants sont : le gouverneur dans la région, et le préfet en ce qui concerne les communes. Ceux-ci sont seuls habilités à s'exprimer au nom de l'État devant les conseils des collectivités territoriales de leurs circonscriptions. À cet effet, il est admis que le président du conseil régional ou le maire peut déférer à la juridiction administrative compétente, pour excès de pouvoir, la décision de refus d'approbation du représentant de l'État prise dans le cadre des dispositions de l'alinéa 1 de l'article 70 suivant la procédure prévue par la réglementation en vigueur. Ainsi, lorsque la tutelle a été exercée de manière illégale, les autorités décentralisées peuvent se défendre en contestant la mesure prise par la voie du recours en annulation. Le recours pour excès de pouvoir ainsi ouvert, au profit de l'autorité décentralisée, suivra la procédure contentieuse ordinaire à savoir l'exercice d'un recours gracieux par l'autorité sous-tutelle auprès de l'autorité de tutelle en cas de refus d'approbation de son acte.

Ainsi, rien ne s'oppose à ce que lorsque l'autorité municipale qui remet en cause un acte pris par son tuteur puisse observer la règle du recours gracieux. En effet, l'application de la notion d'intérêt dans le recours en annulation est très caractéristique de la nature de la décentralisation. Elle implique que les structures locales ont des intérêts propres que leurs représentants se doivent de défendre en justice[220]. C'est à la faveur de cette idée que le législateur camerounais[221] offre cette possibilité à l'autorité municipale[222]. Par contre, l'autorité de tutelle ne saurait observer la règle du recours gracieux[223].

---

[220] Lire, A. DE LAUBADERE, J. C. VENEZIA et Y. GAUDEMET, *Droit administratif*, *op. cit*, p. 184.

[221] J. BIPELE KEMFOUEDIO, « La tutelle administrative dans le nouveau droit camerounais de la décentralisation », *Annales de la Faculté des Sciences Juridiques et Politiques de l'Université de Dschang*, Yaoundé, Presses universitaires d'Afrique, t. 9, 2005, éd., spéciale, p. 107.

[222] Le législateur camerounais adopte ainsi la démarche du Conseil d'État français dans son arrêt du 18 avril 1902, affaire le maire de Neris- les Bains,

Recueil Lebon, p. 275. Il faut ajouter qu'en dehors de ce recours l'autorité municipale peut exercer, également, un recours hiérarchique auprès du ministre de l'administration territoriale et de la décentralisation ou auprès du président de la République dans le but d'obtenir le retrait de l'acte de l'autorité de tutelle bien que ce recours n'a aucune incidence sur le contentieux.

[223] Le rejet du recours administratif introduit auprès de l'auteur de l'acte dans les actions de l'autorité de tutelle ressort de l'article 71 alinéa 2 de la loi n° 2004/017 du 23 juillet 2004 portant orientation de la décentralisation qui dispose que l'autorité de tutelle défère à la juridiction administrative compétente les actes pris par les autorités décentralisées, prévus aux articles 68 et 69, qu'elle estime entachés d'illégalité dans un délai maximal d'un (01) mois, à compter de leur réception. Ces dispositions suggèrent quelques réflexions allant dans le sens d'une exclusion, du moins implicite, du recours gracieux. En fait, une question centrale mérite d'être posée : est-ce que l'autorité de tutelle qui saisit ainsi la juridiction administrative doit justifier de l'introduction d'un recours gracieux ? L'analyse du mécanisme du recours gracieux tel que prévu aux articles 17 et suivants de la loi n° 2006 précitée, permet d'y répondre par la négative. Au regard de ce mécanisme, le recours gracieux doit d'abord être exercé sous peine de forclusion, soit dans les trois mois de la publication ou de la notification de l'acte attaqué, soit dans les six mois suivant la réalisation du dommage, soit enfin dans les quatre ans à partir de la date à laquelle l'autorité ayant compétence liée a été défaillante. Ensuite, l'autorité administrative dont l'acte est critiqué dispose en ce qui la concerne, d'un délai de trois mois pour réagir; c'est dire que le silence gardé pendant ce délai entraîne une décision implicite de rejet offrant enfin la possibilité au justiciable de saisir la juridiction administrative dans un délai de soixante jours à compter de la décision de rejet. Par contre, la loi de 2004 précise que l'autorité de tutelle exerce un recours contentieux dans un délai maximal d'un mois à compter de la réception de l'acte critiqué. En fixant ainsi le « dies a quo » c'est-à-dire, le moment à partir duquel l'autorité de tutelle sous peine de forclusion sans doute, est tenue d'exercer son recours contentieux, à la date de la réception dudit acte, le législateur a exclu l'exigence du recours précontentieux. S'il en était autrement, la loi aurait emprunté la formule de l'article 18 alinéa 1 de la loi de 2006 précitée c'est-à-dire : « un mois à compter de la décision de rejet du recours gracieux [...] ». Cette disposition implique donc que le Préfet, qui exerce la tutelle sur les collectivités territoriales décentralisées par exemple, est dispensé de l'exigence du recours gracieux au cas où il porterait un acte pris par le Maire à la sanction éventuelle du juge administratif. L'attitude du législateur camerounais ne peut être considérée ici que comme une suite logique car on imagine mal que l'autorité de tutelle dont les pouvoirs font peser déjà sur l'autonomie accordée aux collectivités locales une certaine limitation, se trouve liée par l'exigence d'un recours gracieux adressé à l'administrateur municipal vis-à-vis de laquelle il assume le rôle de tuteur. On peut à cet égard admettre que cette exclusion est

Ainsi, au regard non seulement de la jurisprudence, mais aussi et surtout des textes, le recours de tutelle fait partie des recours administratifs applicables en contentieux administratif camerounais. Mais la difficulté réside dans son application souvent incertaine par la jurisprudence ainsi que de l'interprétation de certaines dispositions en la matière. Cette situation complique le droit du citoyen d'agir en justice car ce recours est souvent, à tort ou à raison, invoqué par le juge pour rejeter les demandes dont il est saisi. Cette situation n'a malheureusement pas été prise en compte par le législateur, notamment à l'occasion des dernières réformes.

Section II. La nécessaire clarification du régime applicable au recours de tutelle

Très récemment, un observateur a relevé que le problème du justiciable camerounais demeure celui de l'introuvable jurisprudence administrative car, d'une espèce à l'autre, présentant pourtant les mêmes circonstances de faits, les décisions sont fluctuantes et variables parfois à l'extrême ; qu'une telle imprévisibilité déstabilisante de cette « juridictio » est vectrice d'insécurité juridique et judiciaire[224]. Cette idée semble bien se vérifier en matière de recours de tutelle. Il en est ainsi au regard de la position de la jurisprudence en la matière. Les décisions *Entreprise des travaux d'hydrauliques* et *Kwanya* précitées (**§ 2**) sont une illustration. Aussi, le législateur a pu contribuer à l'entretien de ce clair-obscur (**§ 1**).

§ I. La nécessité de clarifier face aux ambiguïtés de certains textes

Les zones d'ombre observables en matière de recours de tutelle apparaissent dans un premier temps dans les textes. En effet, sa consécration en tant que condition de recevabilité des recours contentieux est susceptible d'être interprétée de diverses

---

valable pour tous les contentieux ; qu'il s'agisse du contentieux de la légalité, de la responsabilité ou encore des contentieux d'urgence.

[224] *Cf.* M. KAMTO, *in* préface de l'ouvrage, *Éléments de contentieux administratif camerounais*, *op. cit*, *ibid.*

façons. C'est certainement ce qui peut aussi expliquer le caractère chancelant de la jurisprudence sur cette question. Cette incertitude apparaît dans la loi n° 2004/017 du 22 juillet 2004, portant orientation de la décentralisation. À la lecture de certaines dispositions de cette loi, on est amené à penser que l'exigence du recours gracieux a été abrogée. En effet, l'article 88 de cette loi dispose que : « Sont abrogées par celles de la présente loi, les dispositions correspondantes de la loi n° 74/23 du 05 décembre 1974 portant organisation communale, ensemble ses modificatifs subséquents, et de la loi n° 87 /015 du 15 juillet portant création des communautés urbaines, sous réserve de la promulgation des textes particuliers prévus aux articles 86 et 87 ». La notion de « dispositions correspondantes » n'est pas aisée à cerner. Cette formule générale laisse croire que l'abrogation porte sur tout. Il y a véritablement des doutes.

L'abrogation formulée par ce texte est, de notre point de vue, limitée à des dispositions précises. En effet, l'analyse de cette disposition permet d'affirmer que cette abrogation n'a d'effet qu'à l'égard des dispositions des anciens textes évoqués par cet article 88, notamment celles qui sont homonymes à celles nouvellement édictées par cette loi. Elle concerne donc, par exemple, les dispositions relatives aux modalités d'exercice du contrôle de tutelle qu'assure l'État sur les collectivités territoriales. Un observateur soutient en ce sens que les lois sur la décentralisation du 22 juillet 2004, sont venues étancher la soif de précisions, de lisibilité et de visibilité que voilait jusque-là les contours encore imprécis de la décentralisation[225].

Par ailleurs, le fait d'informer l'autorité de tutelle, revient à informer l'État[226]. Aussi, c'est la loi de 1987, portant création

[225]J.-A. NDJOCK, « La décentralisation camerounaise », *Revue internationale de droit africain*, *op. cit*, p. 14.
[226] Voir dans ce sens, A. CIAUDO, « Un nouveau cas de responsabilité pour faute lourde : le refus du préfet de se substituer au maire dans l'exercice de ses pouvoirs de police administrative », note sous Cour administrative d'appel de Versailles, 19 mai 2005, ministre de l'Intérieur c/ France Télécom, *Juris-Classeur Périodique*, 13 février 2006, p. 220.

des communautés urbaines, qui avait conféré un tel statut aux communes de Yaoundé et de Douala. Ce régime spécial fut reconduit par la loi n° 2004 /018 du 22 juillet 2004 fixant règles applicables aux communes[227] et récemment, en date du 17 janvier 2008, date à laquelle, un décret a donné le statut de communautés urbaines à douze nouvelles villes du pays[228]. À notre sens donc, malgré l'incertitude qu'on peut y relever, notre thèse à ce sujet est qu'il n'y a aucune contradiction réelle avec l'exigence du recours de tutelle formulée par le décret de 1977 car le recours de tutelle est un recours qui a sa place en matière de décentralisation. Le législateur n'a pas pensé à clarifier cette situation qui semble contribuer à une appréciation discutable sur l'application de cette règle devant le juge administratif.

---

[227] J.-A. NDJOCK, « La décentralisation camerounaise », *op. cit*, p. 18.

[228] À cet effet, les villes de Bafoussam, Bamenda, Bertoua, Ebolowa, Edéa, Garoua, Kribi, Kumba, Limbé, Maroua, Nkongsamba, et Ngaoundéré, l'ont été à la suite des 12 décrets. Cf. Cameroun Tribune n° 9018/5217 du vendredi 18 janvier 2008. Même s'il était question d'une abrogation, notamment du recours de tutelle, rappelons que l'attitude du juge pose le problème de la loi applicable en matière de procédure en cas d'intervention d'une certaine volonté de changement de la part du législateur. À cet effet le juge administratif camerounais penche, dans la plupart des cas, pour la survie de la loi ancienne sur la procédure malgré son abrogation. C'est une position suffisamment défendue par la doctrine, laquelle s'appuie sur l'idée, selon laquelle la volonté de changement exprimée par le législateur n'écarte pas la nécessité d'une certaine continuité du droit, d'où l'impératif de laisser survivre la loi ancienne pendant un certain temps. C'est sans doute dans ce sens que le juge administratif camerounais, depuis la réforme récente, rappelle à chaque fois dans les motifs des jugements rendus jusque-là, les dispositions transitoires des lois n° 2006/016 et 022 notamment, les articles 140 et 119 de ces textes respectivement. En plus, les faits en cause étaient survenus avant l'entrée en vigueur de la nouvelle loi, d'une part, et d'autre part, le recours gracieux autant que le recours de tutelle ne vont pas en contradiction avec les normes en vigueur en matière de procédure administrative contentieuse. *Cf.* A.-D. OLINGA, « L'article 67 de la Constitution », *Lex Lata*, n° 33/1997, pp. 3-9 ; CS/CA, jugement n° 181/2007/CE du 29 août 2007, *Silatchom Pierre c/ État du Cameroun* ; CS/CA, jugement n° 107/06-07/CE du 10 février 2007, *Enoh Dieudonné c/ État du Cameroun* ; CS/CA, jugement n° 52 du 20 février 2007, *Njooh Michel Pierrot c/ État du Cameroun.*

§ II. La nécessité de clarifier face aux contradictions de la jurisprudence

L'analyse des deux précédentes décisions, compte tenu du contexte juridique en matière de décentralisation au Cameroun, et surtout de la jurisprudence antérieure, permet de relever quelques incertitudes. Ces incertitudes justifient la nécessité d'apporter des clarifications au régime du recours de tutelle. En effet, lorsqu'on compare les décisions *Entreprise des travaux d'hydrauliques et de Génie civil et Kwanya* à certaines décisions antérieures (**A**) et ultérieures (**B**), on note que le juge n'a opéré que des revirements. De tels revirements sont en contradiction avec la sécurité juridique.

A. La nécessité de clarifier face aux contradictions de la jurisprudence antérieure

Au préalable, dans les affaires *Entreprises des travaux d'hydrauliques* et *Kwanya* précitées, et à la lumière de l'article 88 de la loi n° 2004/018 du 22 juillet 2004, portant règles applicables aux communes, précité, on peut reprocher au juge d'avoir fait appel à des dispositions abrogées sans toutefois y apporter des éclairages. Mais comme nous l'avons soutenu, cette abrogation n'a, à notre avis, aucune influence sur l'obligation qui incombe à l'administré, en cas de litige avec la collectivité, d'exercer un recours de tutelle auprès des autorités compétentes.

Les affaires *Kwanya* et *Entreprise de travaux hydrauliques* susvisées, semblent déroutantes parce que, dans plusieurs espèces précédentes et similaires, à l'exemple des jugements *Pellamié Joseph c/ communauté urbaine de Douala*[229], *Succession Tchandja Mimba c/ commune rurale de Bassamba*[230], *Nana Jean Claude c/ communauté urbaine de Douala*[231] autant en matière d'urgence[232] qu'en matière

---

[229] Jugement avant-dire-droit n° 30 du 4 février 2004.
[230] Jugement du 28 janvier 2009.
[231] Jugement n° 14/2009/CA/CS du 14 janvier 2009.

ordinaire, le juge n'avait pas fait allusion à la règle du recours de tutelle. Ces affaires sont différentes des affaires *Mahamadou Bachirou, Tah Thomas* et autres, précitées, à l'occasion desquelles le juge avait rappelé l'exigence du recours gracieux, parce que dans ces affaires l'action des requérants avait fait l'objet d'une fin de non- recevoir tirée du défaut de recours gracieux alors que dans les affaires évoquées dans ce paragraphe, le juge ne se réserva pas d'examiner le bien-fondé des prétentions qui lui étaient soumises. Il n'évoquera pas la question du recours de tutelle.

En ce qui concerne l'affaire *Pellamie*, il faut remarquer que pour justifier la recevabilité de l'action du sieur *Pellamié*, le juge a tout simplement rappelé «que le recours gracieux ayant été implicitement rejeté par le silence gardé pendant trois mois par l'autorité compétente, le requérant avait [...] jusqu'au 3 avril 2000 pour déposer son recours contentieux[...] ». Dans cette affaire, le juge semble bien aller à contre-courant avec les affaires *Kwanya et Entreprise des travaux d'hydrauliques* précitées.

En effet, cette position antérieure aux affaires *Kwanya* constituait, une violation de la loi puisque les affaires *Pellamié* et autres étaient semblables aux affaires *Kwanya* dans lesquelles il avait opéré un changement positif si l'on s'en tient à la législation en vigueur. D'ailleurs, la nouvelle législation a réitéré, comme la précédente, la règle du recours de tutelle. La position du juge dans ces affaires soulève davantage des interrogations lorsqu'on observe que deux années après il va opérer un autre changement.

---

[232] Voir ordonnance n° 05 du 26 mars 2009, *Fonkoua Célestin, c/ communauté urbaine de Yaoundé* ; n° 09 du 18 février 2009, *Fotso Foumtsé Omer c/ communauté urbaine de Yaoundé.*

B. La nécessité de clarifier face aux contradictions de la jurisprudence ultérieure

L'imprévisibilité de la jurisprudence, relevée plus haut, ne s'arrête, cependant, pas à ce niveau. En effet, alors qu'on pouvait croire que le juge administratif camerounais était définitivement fixé sur cette règle du recours de tutelle, cela au regard des affaires *Kwanya* et autres, ce dernier va opérer une fois de plus un étonnant changement.

Dans son jugement, n° 153/2011/CA/CS du 15 juin 2011, dame veuve *Fonkoua née Meidié Augustine c/ État du Cameroun (Commune de Dschang)*, le juge administratif a jugé recevable la requête de la demanderesse, sans plus tenir compte des dispositions pertinentes du décret de 1977 modifié en 1990 et de la loi de 1987 relative au pouvoir de tutelle et aux communautés urbaines, précitées, qu'il avait pourtant fermement souligné dans les affaires *Kwanya* et consorts.

Le 11 décembre 2007, en effet, dame veuve *Fonkoua* avait reçu la correspondance n° 204/L/Dsch qui lui avait été adressée par le maire de la commune de Dschang relative au rejet de sa demande aux fins de délivrance d'un permis de bâtir. Avant d'introduire son recours contentieux le 30 mai 2008, la requérante avait introduit un recours gracieux auprès du maire le 16 juin 2008. Ce recours gracieux avait implicitement fait l'objet d'un rejet au bout de trois mois de silence gardé par le maire. C'est donc sur la base de cet unique recours administratif préalable qu'elle va exercer son recours en annulation. On pouvait alors, en se référant aux décisions antérieures et aux textes en vigueur, s'attendre à ce que le juge, pour déclarer cette requête irrecevable, rappela, une fois de plus et comme dans les affaires *Kwanya* et autres, les articles 31 et 56 des textes sus-évoqués, avant de tirer les conséquences de droit qui s'imposaient. Au contraire, avant de donner gain de cause à la requérante, le juge, sur le plan de la forme, allait, et de manière très laconique, admettre ladite demande. Il déclara, contre toute attente, « […] le recours […] recevable pour avoir été introduit dans les formes et délais légaux […] ».

Cette position n'est-elle pas contraire à sa jurisprudence antérieure ? Les justiciables ne sont-ils pas pris au piège du recours de tutelle ? Est-ce à dire que la prise en compte de ce recours précontentieux varie selon les affaires ou les choix du juge ? On observe donc que le juge administratif camerounais n'est pas stable à ce sujet. Cette imprévisibilité est susceptible de remettre en cause la sérénité des justiciables qui, légitimement, et au regard de l'exigence de sécurité juridique, peuvent fonder leurs espérances en la pérennité des normes qui leur sont prescrites. Dans le même sens, et notamment du point de vue économique, Max Weber rappelle que pour les intéressés au marché, la rationalisation et la systématisation du droit signifient en général prévisibilité croissante du fonctionnement de la juridiction[233]. Le juge administratif camerounais serait-il donc la source de l'échec des actions initiées par les administrés[234]? La doctrine ne serait-elle pas fondée d'accuser le juge administratif camerounais d'être hermétique, de cultiver une sorte « d'aristocratie juridictionnelle », de se complaire dans les rejets pour masquer son indolence, sa paresse et la démission de ses responsabilités sociales[235] ? Parlant justement de la dimension sociale, l'absence de pérennité nuit à l'utilité sociale du droit. En effet, une fois énoncée par le juge, une norme prétorienne apparaît comme étant une boussole et un cadre pour les actions éventuelles des administrés. C'est pourquoi l'absence de pérennité minimale de la règle jurisprudentielle empêche les justiciables de fonder leurs actions et leurs comportements sur ce guide où il devient illisible, inaccessible et insaisissable à cause des changements réguliers[236]. Cette situation très défavorable aux justiciables interpelle le législateur camerounais. Il convient donc de clarifier le régime du recours de tutelle afin de garantir cette sécurité juridique nécessaire.

---

[233] MAX-WEBER, *Sociologie du droit*, Paris, PUF, 2003, p. 223.

[234] Lire dans le même sens, H.-C. NJOCKE, « Le juge administratif camerounais est-il dans le maquis ? », *Revue internationale de droit africain*, n° 70/2006, pp. 31-53.

[235] M. P. ZE, « Réflexions sur la réforme de la justice administrative au Cameroun », *Revue internationale de droit africain, op. cit*, p. 66.

[236] D. CONNIL, *L'office du juge administratif et le temps*, *op. cit*, p. 493.

Conclusion

Pour régulièrement agir devant le juge administratif camerounais, le justiciable doit justifier d'un double recours précontentieux notamment : un recours gracieux et, s'il s'agit d'un acte pris par un responsable local, d'un recours de tutelle. Ces deux exigences ont été consacrées par des textes. Les doutes qui persistent à l'égard du recours de tutelle sont certainement liés à cette position vacillante de la jurisprudence.

Ainsi, l'idée d'une garantie protectrice de l'administration, par elle- même[237], est encore importante dans le système juridique camerounais[238]. Cette tendance semble bien renforcée car, si bon nombre de justiciables camerounais perdent leurs procès administratifs avant de les avoir commencés, alors même qu'ils ont des arguments et des moyens juridiques importants, la faute leur revient dans une certaine mesure[239] mais, cela est aussi en bonne partie lié à l'absence de pérennité des décisions de justice. Le législateur camerounais n'a malheureusement pas tenu compte de tels manquements à l'occasion des réformes entreprises ces dernières années.

---

[237]Il s'agit d'une survivance de l'ancienne doctrine du ministre- juge qui, avant la phase de maturation du Conseil d'État en France, voyait dans la puissance publique la première étape de solution du litige. *Cf.* R.-G. NLEP, *L'administration publique camerounaise*, *op. cit*, p. 262.

[238] Voir en ce sens, R.-G. NLEP, *L'administration publique camerounaise*, *op. cit*, *ibid*; P. E. ABANE ENGOLO, « Existe-t-il un droit administratif camerounais? », *in* M. Ondoa, P. E Abane Engolo (dir), *Les fondements du droit administratif camerounais*, Paris, L'Harmattan, 2016, p. 13.

[239] M. KAMTO, *Droit administratif processuel du Cameroun*, *op. cit*, p. 3.

Partie 2

Une limitation de l'accès au juge par l'insuffisante réorganisation structurelle des juridictions administratives

Dans le cadre des réformes opérées dans le paysage judiciaire camerounais ces dernières années, on note avec une certaine satisfaction la création des Tribunaux administratifs déconcentrés. Malgré cette importante évolution, le problème de la centralisation de la juridiction administrative n'a pas définitivement été résolu. La restriction de l'accès au juge se traduit encore par les nombreuses limites de cette déconcentration (**Chapitre 1**).

Du point de vue de l'autonomie de cette juridiction, c'est-à-dire de son indépendance à l'égard des autres juridictions, la justice administrative camerounaise soulève encore quelques questions. Ainsi qu'avait pu le relever un observateur, la jurisprudence administrative camerounaise a un « caractère incertain » et une « légèreté juridique »[240] qui s'expliquent par l'absence de spécialisation des magistrats. Cela traduit une prise en compte insuffisante de l'autonomie à laquelle la juridiction administrative a droit. Ce défaut s'est également observé sur le plan organique à travers un système juridictionnel du « deux dans l'un »[241]. Ce système traduit le rattachement, d'un point de vue organique, de la justice administrative camerounaise aux juridictions de droit privé. Le caractère biaisé de l'autonomie de cette juridiction est encore observable au Cameroun malgré les réformes opérées (**Chapitre 2**). Tous ces manquements ne rendent pas aisé l'accès au prétoire du juge administratif au Cameroun.

---

[240] M. KAMTO, *Droit administratif processuel du Cameroun*, *op. cit*, p. 11.

[241] M. KAMTO, « *La fonction administrative contentieuse de la Cour suprême du Cameroun* », *in* G. Conac et J. du Bois de Gaudusson (dir), *Les cours suprêmes en Afrique. La jurisprudence administrative*, *op. cit*, p. 31.

Chapitre 1

La réorganisation géographique inachevée des juridictions administratives

Pour comprendre le caractère limité des réformes de la justice administrative camerounaise, notamment du point de vue de sa répartition géographique, laquelle ne rend pas aisé l'accès au juge (**Section 2**), il convient de relever, dans un premier temps, qu'un réel effort de déconcentration a été fait (**Section 1**).

Section I. L'effort de réorganisation géographique des juridictions administratives

Les mutations récentes de l'ordre juridique au Cameroun ont été marquées en ce qui concerne la justice administrative par une réorganisation territoriale de cette institution sur l'ensemble du pays. Cette nouvelle répartition est caractérisée par une déconcentration (**§ 1**). Cette déconcentration s'est sans doute inscrite dans la lignée de la jurisprudence *Albert Ono Ngafor* (**§ 2**).

§ I. La déconcentration amorcée des juridictions administratives par la jurisprudence *Albert Ono Ngafor*

Dans cette affaire qui opposait Monsieur *Albert Ono Ngafor* à l'État du Cameroun, le juge administratif va retenir un recours contre la décision rendue en premier ressort (c'est-à-dire un recours en appel) le 14 juin 1984 par la Chambre administrative de la Cour suprême, exercé par l'État du Cameroun le 14 août 1985 par le biais du greffe du Tribunal de première instance de Ngaoundéré. En effet, par un arrêté du 19 janvier 1981, le Préfet du département de la Mézam avait ordonné la destruction des clôtures et portail du collège « Macho Comprehensive High School » appartenant au sieur Ono. Ce dernier va donc exercer un recours en annulation, y compris le paiement des dommages et intérêts, contre cette décision devant la Chambre administrative de la Cour suprême.

La juridiction saisie avait donné droit à la requête du demandeur. C'est donc contre ce jugement que l'État du Cameroun va interjeter appel. Selon l'article 28 alinéa 1 de la loi n° 75/17 du 8 décembre 1975 qui organisait la procédure devant la Chambre administrative de la Cour suprême, la déclaration d'appel est faite au greffe de cette Cour. Ainsi, en recevant un recours exercé par le canal du service des greffes d'une juridiction de l'ordre judiciaire, d'ailleurs situé dans une autre localité que celle de la juridiction compétente, le juge avait pris en compte cet éloignement géographique qui caractérise la juridiction administrative camerounaise.

Autrement dit, le juge administratif avait ainsi donné la possibilité à des justiciables qui résident hors de Yaoundé, siège de la juridiction, d'interjeter appel par le biais des juridictions du lieu où ils se trouvent. Une telle jurisprudence a donc essayé, non seulement, de rapprocher la justice du justiciable, mais aussi de permettre aux justiciables de faire face aux problèmes financiers, ambiants, lesquels sont liés aux déplacements vers la localité où se trouve le juge administratif[242].

Le juge, pouvait-on dire, avait proposé au législateur une solution face à cet éloignement du juge de son justiciable. Mais on pouvait aussi voir en cette solution une influence du pouvoir exécutif sur le juge administratif, une allégeance de ce dernier à l'égard du premier. Cette voie de recours avait été exercée par l'État du Cameroun, défendeur, donc le juge pouvait difficilement envisager le rejet d'un recours exercé par celui-ci compte tenu de l'influence qui existe entre ceux-ci. Cette idée de déconcentration de la justice administrative qui apparaît dans cette jurisprudence semble avoir été finalement adoptée par le législateur quelques années plus tard.

---

[242] C. KEUTCHA TCHAPNGA, « Notes sous CS/CA, arrêt du 16 août 1990, Albert Ono Ngafor c/ Etat du Cameroun (MINAT) », *Revue électronique Afrilex*, n° 5, pp. 269-285. Disponible sur le site http//www.afrilex.u-bordeaux 4.fr.

§ II. La consécration ultérieure de la déconcentration des juridictions administratives

À la suite de la jurisprudence *Ono*, précitée, la déconcentration de la justice administrative camerounaise a été amorcée par la Constitution du 18 janvier 1996[243], d'abord, ensuite par la loi n° 2006/022 portant création des Tribunaux administratifs, et, enfin, par les décrets des 15 mars et 18 avril 2012 portant ouverture de ces Tribunaux et mise en place de son personnel[244].

En effet, le décret n° 2012/119 du 15 mars 2012, portant ouverture des Tribunaux administratifs, est un texte composé de trois articles dont le premier désigne les différentes régions du pays qui sont dotées d'un Tribunal administratif et, le deuxième, la répartition, non seulement, des sièges mais aussi des ressorts desdites juridictions. Ce texte a fait application de la règle d'un Tribunal administratif par région telle que prévue par la loi de 2006/022 (**A**), d'une part, et, d'autre part, ce décret a innové du point de vue de la fixation de leurs ressorts respectifs (**B**).

A. L'application de la règle d'« un Tribunal administratif par région » et leurs dénominations respectives

L'examen du décret du 15 mars 2012, ci-dessus visé, notamment en son article premier, permet d'identifier, d'une part, les différentes régions du pays qui ont été dotées des Tribunaux administratifs, et, d'autre part, les appellations qui vont avec.

---

[243] C. SIETCHOUA DJUITCHOKO, « Perspectives ouvertes à la juridiction administrative du Cameroun par la loi n° 96/06 du 18 janvier 1996 portant révision de la Constitution du 2 juin 1972 », *op. cit*, p. 108.

[244] Voir aussi O. FANDJIP, « Les décrets des 15 mars et 18 avril 2012 ou l'effectivité d'une réforme et la résurgence des problématiques de l'accès et de l'autonomie de la justice administrative au Cameroun », *RJP*, n° 1/2013, pp. 60-78.

Au sujet de la désignation de ces unités administratives dotées d'un Tribunal administratif, l'article premier de ce texte dispose que dans les régions ci-dessous indiquées, à savoir : les régions de l'Adamaoua, du Centre, de l'Est, de l'Extrême-Nord, du Littoral, du Nord, du Nord-Ouest, de l'Ouest, du Sud et du Sud-ouest, sont ouverts des tribunaux administratifs. On note, à ce niveau, une application de la règle « un Tribunal administratif par région » prévue par l'article 5 alinéa 1 (i) de la loi n° 2006/022 portant organisation et fonctionnement des Tribunaux administratifs. Une logique presque similaire s'observe en ce qui concerne leurs appellations respectives.

Du point de vue de l'étiquette attribuée à chacune des juridictions, le législateur n'a eu d'autre repère que les appellations correspondantes à chaque chef-lieu de région suivant le découpage des circonscriptions administratives en vigueur. En effet, conformément à l'article 61 alinéa 1 de la Constitution, sont constituées en régions les dix provinces actuelles du pays. L'article 4 du décret n° 2008/376 du 12 novembre 2008, portant organisation administrative de la République du Cameroun, reprend ce découpage. Le Tribunal administratif de la région du Centre, à titre d'exemple, est désigné par : « Tribunal administratif de Yaoundé ».

Le législateur n'a cependant pas considéré certaines dispositions de la loi n° 2006/022, précitée, notamment l'article 5 alinéa 2. En effet, cet article dispose que : « Toutefois, suivant les nécessités de service, le ressort d'un Tribunal administratif peut être, par décret du président de la République, étendu à plusieurs régions ». Une formule similaire est d'ailleurs adoptée par l'article 19 alinéa 1 (ii) de la loi n° 2006/015 du 29 décembre 2006, portant organisation judiciaire notamment en ce qui concerne les Cours d'appel des juridictions de l'ordre judiciaire. On pouvait alors, face à une telle disposition, se poser deux questions majeures : d'une part, en cas d'adoption d'une telle solution, quelle devait être la dénomination à attribuer à un tel Tribunal administratif ? D'autre part, avec l'adoption d'une telle formule l'efficacité attendue de la justice administrative n'allait-elle pas être mise à l'épreuve ?

S'agissant de la dénomination à attribuer au Tribunal administratif dont le ressort peut être étendu à plusieurs régions, allait-on lui attribuer les dénominations des différentes régions dont il couvre les ressorts, respectifs, ou alors celle d'une seule d'entre elles ? À titre d'exemple, comment allait-on dénommer le Tribunal administratif couvrant à la fois les régions du Centre, du Sud et de l'Est ? Comme solution, face notamment au silence du législateur, la suggestion faite par un observateur, et à laquelle nous souscrivons, peut être adoptée. En effet, celui-ci proposait de qualifier de telles juridictions de « Tribunaux interrégionaux »; expression qui semble adéquate à la situation résultant d'une extension du ressort d'un Tribunal administratif au ressort de plusieurs autres régions[245].

Concernant la seconde question, relative à l'efficacité de la justice administrative au regard de son rapprochement des justiciables, on devrait bien se demander si dans cette hypothèse on pouvait encore parler d'une véritable déconcentration de la juridiction administrative. Par exemple, si le Tribunal administratif de la région du Centre voyait son ressort étendu à la région de l'Adamaoua, le justiciable qui réside à Ngaoundéré se trouve à une distance de plus de huit cents (800) kilomètres de son siège. De ce point de vue, il y a une réelle entorse au processus de déconcentration. Il est donc intéressant de voir que le décret du 15 mars 2012 n'a pas mis en place des « Tribunaux administratifs interrégionaux ». Il a donc épargné les justiciables des difficultés liées à l'éloignement de la juridiction. De ce point de vue, une avancée importante a été enregistrée. En ce qui concerne les appellations qui correspondent à chacune des juridictions administratives, on devra se référer à la colonne numéro 2 du tableau dressé à

[245] C. SIETCHOUA DJUITCHOKO, « La difficile gestation des juridictions inférieures des comptes au Cameroun », *Juridis Périodique* n° 68/2006, p. 101. En France également, le décret-loi de 1926 avait supprimé certains conseils de préfecture et attribua un caractère interdépartemental à ceux qui étaient maintenus lesquels allaient devenir, en 1953, des Tribunaux administratifs. En ce sens, J. DEVAUX, « La réforme des conseils de préfecture », *RDP*, 1926, p. 647 ; J. RIVERO, « La réforme du contentieux administratif », *RDP*, 1953, p. 926.

l'article 2 du décret du 15 mars 2012. Ce tableau fixe à la fois les sièges et les ressorts des différents Tribunaux administratifs. En ce qui concerne la détermination des sièges et ressorts des différents Tribunaux administratifs, le législateur a innové.

B. L'innovation quant à la fixation des sièges et ressorts des Tribunaux administratifs

La répartition des sièges de même que les ressorts des Tribunaux administratifs régionaux, pour reprendre la formule du législateur de 2006 au sujet des juridictions inférieures statuant en matière de compte[246], est précisée dans les colonnes numéro 3 et 4 du tableau dressé à l'article 2 du décret du 15 mars 2012 précité.

Concernant les sièges desdites juridictions, l'article 2 du décret désigne, notamment à la colonne numéro 3, les chefs-lieux des différentes régions comme sièges des différents Tribunaux administratifs. En effet, il y a une coïncidence entre l'appellation attribuée à chaque Tribunal administratif et le siège de ladite juridiction. Le Tribunal administratif de Douala, région du Littoral, a son siège à Douala. Il faut observer qu'il y a une référence à la loi n° 2006/022, notamment en son article 5 alinéa 1 (ii) qui fixe les sièges desdites juridictions dans les chefs-lieux des régions.

Pour ce qui est des ressorts de ces Tribunaux, il semble que c'est à ce niveau que le décret du 15 mars 2012 a véritablement innové. L'innovation résulte du fait que ce texte a désigné, face au silence de la loi n° 2006/022, les ressorts des Tribunaux administratifs. En effet, l'article 5 de la loi n° 2006/022, considérée à juste titre comme le repère des initiateurs du décret, précité, n'apportait aucun éclairage quant aux ressorts desdites juridictions. Néanmoins, notons que l'alinéa 2 de cet article 5 ne faisait allusion au ressort que lorsqu'il précise que : « toutefois, suivant les nécessités de service, le ressort d'un

[246] Article 2, alinéa 2, de la loi n° 2006/017 du 29 décembre 2006 portant organisation et fonctionnement des Tribunaux régionaux des comptes.

Tribunal administratif peut être, par décret du Président de la République, étendu à plusieurs régions ». La charge revenait alors à ce nouvel instrument juridique de désigner les ressorts correspondants. À cet effet, ce texte désigne les différentes régions comme étant les ressorts desdits Tribunaux. Par exemple, la région du Nord-Ouest constitue le ressort du tribunal administratif de Bamenda dont le siège se trouve à Bamenda, chef-lieu de ladite région.

Pour comprendre la démarche du législateur il faudrait peut-être se référer à deux éléments : d'abord, à la définition même de la notion de ressort. Ce mot désigne à la fois, l'étendue de la compétence géographique d'une juridiction, les valeurs à l'intérieur desquelles elle peut statuer et à l'intérieur de ces valeurs, les sommes au-delà desquelles les jugements qu'elle prononce sont susceptibles d'appel. D'un point de vue géographique, poursuit l'auteur, le ressort est la partie du territoire national sur l'étendue duquel s'exerce la compétence d'une juridiction[247]. Autrement dit, il correspond à la compétence dite « rationne loci » de la juridiction. La dernière branche de cette définition permet de comprendre la position du législateur camerounais. En effet, pour lui, il fallait rattacher chaque Tribunal administratif, géographiquement parlant, à l'ensemble de la région concernée.

Ensuite, et c'est le second argument qui permet de s'en convaincre, le décret précité s'est appuyé sur l'organisation des juridictions de l'ordre judiciaire au sein duquel les juridictions d'appels sont reparties en fonction des régions ; leurs ressorts étant constitués par l'ensemble de la région concernée. L'article 19 de la loi n° 2006/015 du 29 décembre 2006 portant organisation judiciaire en est une bonne illustration. L'on en est convaincu lorsqu'on note que la première colonne du tableau dressé à l'article 2 du décret du 15 mars 2012, récapitulant les sièges et ressorts des Tribunaux administratifs, est intitulée : « cour d'appel ».

---

[247] Voir S. BRAUDO, Dictionnaire de droit privé, disponible sur le site http://www.dictionnairejuridique.com/definition/ressort.php.

Cette répartition pourrait poser moins des conflits de compétence[248] entre les différents Tribunaux administratifs. Ainsi, parmi les apports du décret du 15 mars 2012, on peut noter aussi que le législateur a bien pris en compte les éventuels conflits de compétence « rationne loci » qui pouvaient survenir entre les différents Tribunaux administratifs. Pour ce faire, il a arrimé la répartition des Tribunaux administratifs aux dispositions de la loi n° 2006/022.

Cette loi dispose, d'abord, en son article 15 que : d'une part, le Tribunal administratif territorialement compétent est, soit, celui dans le ressort duquel a légalement son siège l'autorité qui a pris la décision attaquée, soit, de la résidence du demandeur, soit, de la situation des biens, du lieu d'exécution du contrat, du fait dommageable si ce fait est imputable à une décision. D'autre part, qu'est compétent, toujours du point de vue territorial, le tribunal administratif du siège de l'autorité ayant pris la décision attaquée ; qui l'est également pour connaître de l'action en indemnité imputable à la décision querellée, pour des recours en interprétation et appréciation de la légalité de l'acte litigieux intervenant sur renvoi de l'autorité judiciaire.

Ensuite, notamment en son article 16, ce texte dispose qu'est compétent, territorialement, le Tribunal administratif qui l'est aussi territorialement pour connaître d'une demande principale ; il l'est également pour toute demande accessoire, incidente ou reconventionnelle relevant de la compétence des Tribunaux administratifs.

Conformément à cette répartition de la compétence territoriale des tribunaux administratifs, le décret de 2012, en attribuant à chaque région un tribunal et sans inclure des

---

[248] Au sujet de la complexité de la répartition des compétences juridictionnelles, voir : S. V. NTONGA BOMBA, « La répartition des compétences en matière administrative au Cameroun de 1972 à 2009 », *Cahiers Juridique et Politiques*, Faculté des Sciences Juridiques et Politiques de l'Université de Ngaoundéré, 2009, pp. 303-310 ; B.-R. GUIMDO DONGMO, « Le droit d'accès à la justice administrative au Cameroun. Contribution à l'étude d'un droit fondamental », *op. cit*, pp. 494 et s.

« Tribunaux administratifs interrégionaux » a évité, à notre sens, les éventuels conflits de compétence. Ainsi, chaque Tribunal est compétent, territorialement, en fonction de son ressort bien délimité.

Ainsi, bien qu'en consacrant dans un souci d'équité la déconcentration territoriale de la justice administrative, le législateur camerounais ne semble pas avoir suffisamment résolu le problème de l'accès au juge du point de vue de l'éloignement géographique des juridictions.

Section II. La restriction de l'accès au juge à travers une déconcentration limitée des juridictions administratives

L'accès au juge administratif camerounais demeure limité en dépit de la déconcentration amorcée par la création de Tribunaux administratifs. Cette limitation concerne, d'une part, les Tribunaux administratifs nouvellement créés (**§ 2**), et, d'autre part, la juridiction d'appel au regard de l'absence totale de déconcentration de celle-ci **(§ 1)**.

§ I. L'absence de déconcentration de la juridiction d'appel

Jusqu'à l'adoption de la loi n° 2006/022 relative aux Tribunaux administratifs, les juridictions d'appel en contentieux administratif camerounais étaient inexistantes. Elles n'étaient pas réparties sur l'ensemble du territoire comme cela se fait généralement. L'appel était d'ailleurs la voie par laquelle s'achevait le procès administratif, notamment devant la Chambre administrative de la Cour suprême. Il n'existait donc pas des Cours administratives d'appel.

Depuis la réforme de 2006, cette fonction est assurée non pas par des Cours administratives d'appel réparties, comme en France par exemple, sur l'ensemble du territoire national mais uniquement au sein de la Chambre administrative de la Cour suprême. Ladite Chambre dont le siège se trouve uniquement à Yaoundé devient non seulement juridiction d'appel, mais aussi juridiction de cassation. En effet, il faut rappeler, d'une part, que d'après l'alinéa 2 de l'article 9 de la loi n° 2006/016 organisant la Cour suprême, chaque section de ladite Chambre connaît des appels et des pourvois en cassation relatifs aux matières qui relèvent de sa compétence. D'autre part, que l'article 2 de la même loi dispose que le siège de la Cour suprême est à Yaoundé et son ressort s'étend sur l'ensemble du territoire national.

Ainsi, comme l'article premier de l'ordonnance n°72/06 du 26 août 1972 qui organisait jadis la Cour suprême, son siège avait été institué à Yaoundé. La nouvelle loi a repris cette disposition. Cela dit, en tant que juridiction statuant en appel, l'on ne peut que constater qu'elle est la seule en la matière. Ce qui pose le problème de son éloignement. Cette question qui s'était posée déjà dans d'autres pays africains, comme le Gabon par exemple, avait été résolue par une multiplication des Cours d'appel sur le territoire. Cette absence totale des juridictions d'appel dans aucune des régions du pays pose donc un problème sérieux quant à l'accès au juge. En effet, la moyenne, par exemple, de la distance qui sépare Yaoundé, siège de la Cour suprême, de la partie septentrionale du pays est d'environ mille (1000) km. Cette distance est importante compte tenu non seulement des difficultés liées au transport mais aussi des moyens de communication. Cette situation tient donc encore le justiciable camerounais loin de son juge administratif d'un point de vue géographique.

Pourtant, et cela paraît tout à fait logique, l'on devrait avoir autant de juridictions d'appel qu'il y a de Tribunaux administratifs par région sur l'ensemble du territoire. Cela est d'autant plus important qu'avec la mise en place de la décentralisation, l'action du juge administratif est d'une importance remarquable.

Même si cela n'aurait résolu le problème qu'à un seul niveau, le législateur aurait pu mettre en place des Cours d'appel administratives dans les régions du pays dont la distance et la fracture numérique sont importantes par rapport au siège de la Cour suprême. La centralisation de la justice administrative à ce niveau du contentieux reste donc encore importante. S'agissant des Tribunaux administratifs, cette centralisation de la justice administrative n'a été résolue qu'à un seul niveau.

§ II. La semi-déconcentration des juridictions d'instances

En droit national, notamment au Cameroun, tout comme en droit international[249], le droit d'accès au juge suscite toujours des débats[250]. À cette question se joint celle de la déconcentration de la justice car il existe un lien entre la déconcentration territoriale de la justice et l'accès à cette dernière[251]. Ainsi, la naissance récente des Tribunaux administratifs au Cameroun soulève la question de l'accès au juge. En effet, il convient de se demander si la naissance des Tribunaux administratifs traduit une déconcentration de la justice administrative susceptible de conforter la place du juge ; de résoudre, véritablement, la question de l'éloignement géographique des juridictions.

---

[249] Dans ce cas on note que ce droit est confronté aux immunités. Voir en ce sens : O. FANDJIP, « Les immunités des organisations internationales et l'invasion des droits fondamentaux dans le droit international. Contribution à l'analyse des fondements et du sort des immunités des organisations internationales face à l'article 6 § 1er de la convention européenne des droits de l'homme dans la jurisprudence française et belge », *RRJ*, n° 2/2012, pp. 629- 646.

[250] À cet égard, une doctrine récente préconise que l'accès au juge doit être codifié afin d'éviter l'arbitraire et les incompréhensions souvent à l'origine de nombre de rejet. Qu'en effet l'un des points les plus débattus, à propos de l'accessibilité à ce juge, est la qualité et l'intérêt pour agir ; que parce que souvent restrictivement interprétés, ces points sont à l'origine de nombre d'irrecevabilités, ces deux conditions souffriraient de la trop grande tendance à céder aux règles en vigueur dans le droit privé. M. P. ZE, « Réflexions sur la réforme de la justice administrative au Cameroun », *op. cit*, pp. 66-67 ; H.-C. NJOCKE, *L'accès au juge administratif camerounais*, Thèse, Université Paris I Panthéon-Sorbonne, 2005, Atelier national de reproduction de l'Université de Lille 3, 530 p.

[251] B.-R. GUIMDO DONGMO, « Le droit d'accès à la justice administrative au Cameroun. Contribution à l'étude d'un droit fondamental », *op. cit*, p. 493.

À l'analyse, il faut souligner que même si aujourd'hui le justiciable qui réside dans la commune de *Dschang* a son juge à Bafoussam, donc plus à Yaoundé[252], le problème de l'accessibilité au juge administratif d'instance n'est pas entièrement résolu. On ne peut pas méconnaître que le justiciable qui part de la commune de *Deuk*, de *Bokito* ou de *Ngambé-Tikar*, par exemple, devra parcourir plusieurs kilomètres pour atteindre Yaoundé le siège de la juridiction administrative régionale compétente. En comparant cette organisation avec celle des juridictions de l'ordre judiciaire, on note une différence importante sur la question de la distance. D'ailleurs, un autre décret, notamment le décret n° 2012/120 du 15 mars 2012 portant ouverture des Tribunaux de première instance a été édicté, sans doute, pour augmenter le nombre, jadis insuffisant, des Tribunaux de premières instances[253].

Pourquoi le législateur n'adopte-t-il pas la même démarche pour les juridictions d'instances de l'ordre administratif ? Comme l'a d'ailleurs suggéré un observateur, pourquoi ne confie-t-il pas, à défaut de créer toutes ces juridictions en même temps, à certaines juridictions inférieures de droit commun, le soin de statuer sur les recours qui devraient être portés devant les Tribunaux administratifs régionaux ?[254]. Mais cette solution ne devrait s'appliquer qu'aux justiciables qui se trouvent dans des circonscriptions administratives très éloignées de leur Tribunal administratif régional. À titre de droit comparé, l'on pourrait aussi proposer la création des sections administratives

---

[252] Située à Yaoundé, la juridiction administrative se trouvait à plus de 200 km de la plupart des grandes villes du pays.

[253] Notons d'ailleurs, qu'un autre décret, récent, n° 2012/120 du 15 mars 2012 portant ouverture de tribunaux de Première instance a été pris par le Président de la République dans l'optique, sans doute, d'augmenter le nombre, jadis très insignifiant, des tribunaux de première instance prévu pour chaque arrondissement mais dont il n'en existait pas cinq jusqu'ici. Voir aussi : F. ANOUKAHA, « La réforme de l'organisation judiciaire au Cameroun », *op. cit*, p. 48.

[254] A.-D OLINGA, *Le nouvel environnement juridique et institutionnel des élections au Cameroun*, Yaoundé, Presses universitaires d'Afrique, 2007, pp. 59 et s.

au sein des Tribunaux de l'ordre judiciaire comme l'avait fait le législateur gabonais[255].

Autrement dit, même si cela mérite d'être nuancé, l'éloignement demeure encore l'une des difficultés majeures de la justice administrative au Cameroun. Comme avait pu le souligner un observateur, il y a quelques années, « dans tous les cas [...] les justiciables africains, sans exception, malgré les assouplissements constatables ici ou là, demeurent éloignés de la juridiction [...] ». Ceci pour la simple raison que « dans leur écrasante majorité, les États attribuent [le contrôle juridictionnel de l'administration] aux plus hautes juridictions siégeant uniquement à la capitale ». La création des Tribunaux administratifs n'apporte pas une solution définitive à ce problème. Ainsi, « la centralisation, source de distanciation géographique, apparaît au total comme l'effet le plus néfaste des politiques africaines de répartition spatiale de la compétence administrative [...] »[256].

Au Cameroun, en effet, on peut relever que même si la réforme de 2006 a réduit la distance par rapport à Yaoundé, le siège de la Chambre administrative de la Cour suprême, le justiciable qui réside, par exemple, dans la localité de Foumban devra parcourir plus de soixante-dix (70) km pour atteindre la

---

[255] Certains auteurs estiment, cependant, que la centralisation et l'unité sont les premières conditions du succès d'une juridiction car, le cloisonnement territorial des autorités judiciaires et des services de police entraîne la multiplicité des procédures, la disharmonie des sentences rendues et finalement l'inefficacité de la répression. Au Cameroun, le professeur Henri Jacquot justifiait cet état de choses par des raisons de simplicité et d'économies de moyens. Voir respectivement : A. VITU, « Une nouvelle juridiction d'exception : la cour de sûreté de l'État », *Revue des Sciences Criminelles*, 1994, p.1, cité par A. MINKOASHE, *Droit de l'homme et droit pénal au Cameroun*, Paris, Economica, coll. « la vie du droit en Afrique », 1999, p. 252 ; H. JACQUOT, « Le contentieux administratif au Cameroun », *op. cit*, p. 20.

[256] M. ONDOA, *Le droit de la responsabilité publique dans les Etats en développement. Contribution à l'étude de l'originalité des droits africains postcoloniaux*, Paris, L'Harmattan, 2010, p. 234.

localité de Bafoussam, siège de la juridiction administrative territorialement compétente[257].

Dans un pays où, comme dans la majorité des pays d'Afrique francophone, « la maxime nul n'est censé ignorer la loi est très contestée à cause de l'absence d'une véritable politique de publication et de diffusion des règles juridiques », où « la pratique du journal officiel est très limitée »[258], il convient de corriger une telle répartition des juridictions administratives.

Comment corriger ? En dehors des solutions précédemment envisagées, cela peut aussi passer par la mise en place des audiences foraines. Cette dernière solution est consacrée dans des pays comme la Guinée[259].

On sait que le décalage entre campagnes et villes est tout à fait naturel. Mais en ce qui concerne les pays d'Afrique, le colonialisme a accentué cette disparité car il a mis en place, dans le but de faciliter les échanges avec la métropole, des grands centres au niveau des côtes[260]. Et en dépit de quelques efforts de développement menés par ces pays depuis les indépendances, la situation n'a pas véritablement changé. Ainsi, comme le relève fort justement le professeur Amadou Kah, cela a entraîné « l'hypertrophie des grandes villes [...] encouragée

---

[257] La loi prévoit, en revanche, que « si les parties ou l'une d'elles sont dans l'impossibilité de comparaître, le Tribunal peut commettre un de ses juges qui se transporte auprès d'elle accompagné par le greffier. En cas d'éloignement des parties ou de l'une d'elles rendant le déplacement difficile ou onéreux, la juridiction saisie peut donner commission rogatoire au tribunal de leur domicile ou de leur résidence, pour les entendre ensemble ou séparément, suivant les circonstances ». Mais il s'agit d'une mesure exceptionnelle, celle-ci ne saurait sérieusement résoudre le problème du rapprochement de la juridiction administrative de ses justiciables. Art. 68, 78, loi n° 2006/022, relative aux Tribunaux administratifs, *précitée*.

[258] G. FOUDA, « L'accès au droit : richesse et fécondité d'un principe pour la socialisation juridique et l'Etat de droit en Afrique Noire francophone », *Afrilex*, 2000/01, p. 4.

[259] H. II. DIALLO, *La réforme de la justice guinéenne. Défis et stratégie*, Paris, L'Harmattan, 2011, préface de Mamadou Alioune, p. 50.

[260] A. KAH, *La codification administrative au Sénégal*, Thèse, Université Paris nord, 1996, p. 276.

par le gouvernement avec des choix de décentralisation surveillée »[261]. Cela explique aussi le « cloisonnement du contentieux » à Dakar, par exemple, érigé en centre avec l'ensemble des institutions coloniales[262]. De ce point de vue, la justice administrative camerounaise, à plusieurs égards, reste encore éloignée des justiciables donc relativement accessible d'un point de vue géographique.

[261] *Ibid.*
[262] *Ibid.*

Conclusion

L'effectivité de la mise en place des Tribunaux administratifs au Cameroun est certaine au regard de la répartition de ces juridictions sur le territoire et la désignation de ses juges. Mais, et c'est ce qui laisse l'observateur perplexe, malgré les progrès considérables qui ont ainsi été enregistrés, la question de l'accès demeure en raison de l'éloignement géographique non seulement des juridictions d'instance mais aussi d'appel. Face à cette difficulté, ainsi que s'interrogeait le professeur Jean-Paul Markus à propos du droit administratif en Afrique, « ne peut-on pas imaginer une autre forme d'harmonie, basée non plus sur une structure centralisée, mais sur un polycentrisme juridique assumé, tenant également compte des pouvoirs traditionnels ? »[263].

[263] J.-P MARKUS, « Le droit administratif africain à la recherche de ses propres modèles », *in* M. ONDOA, P.-E. ABANE ENGOLO (dir), *Les transformations contemporaines du droit public en Afrique*, Paris, L'Harmattan, 2018, p. 34.

Chapitre 2

La relative autonomie structurelle des juridictions administratives

Dans le cadre des évolutions récentes du contentieux administratif camerounais, la situation d'un point de vue organique n'est pas satisfaisante car tant du point de vue de l'organisation des différents organes de cette juridiction (**Section 1**) qu'en ce qui concerne la formation de ses acteurs, à l'instar des magistrats (**Section 2**), l'autonomie de la justice administrative camerounaise est incertaine et insuffisante.

Section I. Une autonomie structurelle incertaine

D'un point de vue structurel, c'est-à-dire de son organigramme, la justice administrative camerounaise a également enregistré quelques évolutions ces dernières années. En effet, la loi n° 2006/016 du 29 décembre 2006 portant organisation de la Cour suprême, modifiée en 2017, ainsi que la loi n° 2006/022 de la même année, portant sur les tribunaux administratifs, ont été mises en application par les décrets de 2012, précités. En dépit de l'importance de cette restructuration, son autonomie, donc sa capacité à fonctionner indépendamment de la juridiction judiciaire demeure compromise. Il suffit de bien analyser, à la fois, la nouvelle structuration de la Chambre administrative de la Cour suprême et des tribunaux administratifs, nouvellement créés (**§ 1**), pour se rendre compte que ces instances gardent encore des liens sérieux avec les juridictions de l'ordre judiciaire (**§ 2**).

§ I. La nouvelle structure des juridictions administratives

On étudiera tour à tour la structuration de la Chambre administrative de la Cour suprême (**A**) et des Tribunaux administratifs (**B**).

A. Une nouvelle structure pour la Chambre administrative de la Cour suprême : la composition rénovée

Lorsqu'on analyse la loi n° 2006/016 relative à la Cour suprême, l'on relève que le législateur a procédé à une reconfiguration de la Chambre administrative **(1)** ; qu'il a mis en place des formations de travail **(2)** ainsi qu'une nouvelle catégorie de juges **(3)**.

1. La reconfiguration de la Chambre administrative de la Cour suprême

La Chambre administrative de la Cour suprême est la seconde parmi les différentes Chambres que comporte cette Cour. Par rapport à l'ordonnance de 1972, sa composition a été reformée. La Chambre administrative de la Cour suprême comprend désormais :

- Un président ;

- Des conseillers ;

- Un ou plusieurs avocats généraux ;

- Un greffier en chef ;

- Des greffiers.

Il faut observer de manière générale que la Chambre administrative de la Cour suprême, sous l'égide de l'ordonnance de 1972 était composée d'un président, des présidents de Chambre, des conseillers titulaires ou suppléants, d'un procureur général, des substituts du procureur général, d'un greffier en chef et des greffiers. Cette composition a été revue depuis la loi 2006/016 qui prévoit désormais, d'une part, au siège : un premier président, président de la Cour, des présidents de Chambre -donc celui de la Chambre administrative susvisée -, de conseillers ; de conseillers maîtres ; de conseillers référendaires ; du greffier en chef de la Cour suprême, de greffiers en chef de Chambre, de greffiers. D'autre part, au parquet général : d'un procureur général, d'un premier avocat général et des avocats généraux[264].

La loi a également consacré une répartition des tâches à travers des formations de travail.

2. Les formations de travail au sein de la Chambre administrative de la Cour suprême

Il s'agit des sections (**a**) et de la formation des sections réunies (**b**).

a- Les sections

La nouvelle Chambre administrative de la Cour suprême comporte cinq (05) sections réparties comme suit :

- Une section du contentieux de la fonction publique ;

- Une section du contentieux des affaires foncières ;

- Une section du contentieux des contrats administratifs ;

- Une section de l'annulation et des questions diverses.

Cette répartition est organisée selon l'objet de la requête. L'on pouvait s'attendre à une répartition classique notamment le contentieux de l'annulation ou de la légalité, d'une part, et celui de pleine juridiction d'autre part.

---

[264] Art. 4, loi n° 2006/015, *précitée*.

Cette articulation a été critiquée. En effet, on peut, comme l'a d'ailleurs souligné un observateur, regretter « l'absence d'une section du contentieux des élections »[265] dans cette répartition dans la mesure où la Chambre administrative de la Cour suprême a compétence pour statuer sur les appels formés contre les décisions rendues en matière de contentieux des élections régionales et municipales. De ce point de vue, « l'on se serait attendue à ce que le législateur crée une section autonome chargée de connaître de cette matière. La complexité des questions électorales et la floraison du contentieux électoral imposent que l'on traite cette matière avec beaucoup plus de sérieux »[266].

Quant à leur composition, l'article 11 de la loi n° 2006/016 dispose que chaque section est composée de :

- Un président ;

- De deux conseillers au moins ;

- Un ou plusieurs avocats généraux.

Le siège sera ainsi constitué du président de la Chambre, des conseillers et des greffiers. La Chambre administrative de la Cour suprême pourra ainsi rendre des arrêts ou encore des ordonnances.

L'expression « au moins », s'agissant des conseillers, veut dire que la section peut disposer de plus de deux conseillers. Cet élargissement peut soulever le problème du nombre, s'agissant du personnel, puisque cette composition est requise au sein de toutes les chambres de la Cour. Mais en dehors de cette difficulté, il y a lieu de souligner que les litiges s'étant

---

[265] D.-A. DJOFANG, « Le nouveau visage de la Cour suprême du Cameroun : vers une plus grande efficacité ? », *Revue de l'ERSUMA* n° 1/2012, http://revue.ersuma.org/no-1-juin-2012/legislation-15/LE-NOUVEAU-VISAGE-DE-LA-COUR.
[266] *Ibid.*

diversifiés, il était nécessaire que le législateur adapte l'institution à une demande devenue importante du point de vue du volume. Par ailleurs, cette multiplication des sections peut sans doute être utile pour l'examen rapide des recours[267].Ces différentes sections peuvent se réunir dans certains cas donc pour des missions bien précises. Cela donne lieu à la formation des sections réunies.

b. La formation des sections réunies

Il s'agit d'une autre formation que l'on peut classer parmi les formations de travail prévues au sein de la Chambre administrative de la Cour suprême. Sa composition est prévue à l'article 13 de la loi n° 2006/016 précitée.

Elle est constituée des présidents de sections de la Chambre. Cette section connaît des affaires renvoyées devant elle, soit par ordonnance du premier président, soit par arrêt d'une section. Elle connaît en outre du recours en révision des décisions contradictoires rendues lorsqu'il y a eu dol personnel ; lorsqu'il a été statué sur les pièces reconnues ou déclarées fausses depuis la décision ; lorsqu'une partie a succombé, faute de présenter une pièce décisive retenue par son adversaire ; lorsque la décision de déchéance est intervenue sans que le demandeur au pourvoi ait été mis en demeure, soit pour se constituer un avocat, soit pour introduire une demande d'assistance judiciaire[268]. Le législateur a aussi prévu, à côté des magistrats de carrière, des juges non magistrats.

3. Les juges non magistrats

En dehors des magistrats de carrière, c'est-à-dire des personnels formés à l'École nationale de la magistrature, il est prévu un personnel supplémentaire au sein de cette juridiction à savoir, les professeurs des Universités de rang magistral, de

---

[267] H.-C. NJOCKE, « Juridiction administrative : réforme inachevée », *op. cit*, *ibid.*

[268] Art. 41 alinéa 2, loi n° 2006/016 sur la Cour suprême.

droit ou d'économie, justifiant de l'exercice pendant quinze (15) années consécutives au moins ; les avocats inscrits au barreau national et ayant exercé consécutivement pendant vingt (20) ans ; les fonctionnaires de catégorie « A » ou cadres contractuels d'administration titulaire d'une maîtrise en droit ayant exercé consécutivement pendant vingt (20) années également.

L'on peut dire que cette ouverture de la juridiction à son environnement permettra d'accroître les rendements et renforcera la qualité de la justice rendue. Il s'agit ainsi d'« un mécanisme pour surmonter la carence en personnel ». Et l'on ne peut qu'espérer que de manière progressive « la Cour va sortir de son ostracisme pour bénéficier de l'expertise »[269] de ces nouveaux membres. Qu'en est-il de l'architecture des Tribunaux administratifs ?

B. La composition des nouvelles juridictions administratives déconcentrées

Comme on l'a vu en analysant la répartition des tribunaux administratifs sur l'ensemble du territoire national, la loi n° 2006/022 précitée a arrimé leur organisation, notamment leurs sièges, à l'organisation administrative du pays. On peut étudier tour à tour la composition de cette juridiction selon la loi n° 2006/022 (**1**) et sa mise en œuvre récente par le décret du 12 avril 2012 (**2**).

1. La composition des Tribunaux administratifs selon la loi organique du 29 décembre 2006

Cette composition a été calquée sur le modèle classique à savoir : le siège (**a**) et le parquet (**b**). Il faut y ajouter les juges non magistrats comme pour la Chambre administrative de la Cour suprême (**c**).

---

[269] D.-A. DJOFANG, « Le nouveau visage de la Cour suprême du Cameroun : vers une plus grande efficacité ? », *op. cit*, *ibid*.

a. La composition de l'organe de jugement au sein des Tribunaux administratifs

Au niveau de la formation de jugement, le Tribunal administratif est composé de :

- Un président ;

- Des juges ;

- Un greffier en chef ;

- De greffiers.

Cet organe est chargé de rendre les décisions au sein de ces juridictions administratives. En effet, comme son nom l'indique, il rend des décisions techniquement appelées des jugements. La loi a prévu que les jugements doivent être rendus après délibération, à la majorité des voix des juges ayant suivi les débats. En dehors des jugements, la formation de jugement peut aussi rendre des ordonnances. Celles-ci relèvent de l'office ou alors de la juridiction du président du Tribunal administratif ou le magistrat qu'il délègue à cet effet. Ainsi en sera-t-il en matière de référé et de sursis à exécution. L'organisation des Tribunaux administratifs au niveau du parquet, encore dénommé ministère public, est différente.

b. La composition du parquet au sein des Tribunaux administratifs

Au niveau du parquet, le Tribunal administratif est composé de :

- Du procureur général près la Cour d'appel du ressort du tribunal administratif ;

- Un ou plusieurs substituts du procureur général.

Il s'agit du ministère public, organe qui veille à la bonne application des lois et des règlements. En effet, comme le prévoit l'alinéa 1 de l'article 29 de la loi n° 2006/015 du 29 décembre 2006 portant organisation judiciaire, modifiée en 2011, « le ministère public ou parquet veille à l'application des lois, règlements et décisions de justice. Il peut, dans l'intérêt de la loi, prendre devant toute juridiction auprès de laquelle il est représenté, les réquisitions qu'il estime utiles ». Comme dans le cas de la Chambre administrative de la Cour suprême, des juges non magistrats ont aussi été prévus au sein de Tribunaux administratifs.

c. La consécration des juges non magistrats au sein des Tribunaux administratifs

Comme on l'a relevé s'agissant de la Chambre administrative de la Cour suprême, l'une des innovations de la réforme de 2006 est la mise en place des juges non magistrats. En ce qui concerne les Tribunaux administratifs, le texte prévoit :

Des juges ou substituts non magistrats à savoir :

- Les professeurs de droit ;

- Les chargés de cours de droit ;

- Les fonctionnaires de catégories « A »et cadres contractuels.

Ceux-ci pourront être membres des Tribunaux administratifs en service extraordinaire pour un mandat de cinq (05) ans.

Le législateur précise les conditions d'admissibilité à ces postes. Cela traduit un souci de rigueur et de spécialisation car la gestion du contentieux de l'administration exige des juges une connaissance approfondie du droit administratif et de l'administration. C'est pourquoi, pour les professeurs, peuvent être nommés, ceux ayant exercé pendant dix (10) années consécutives, quinze (15) ans pour les chargés de cours et, enfin, pour la dernière catégorie, ceux-ci doivent être titulaire d'une maîtrise en droit et justifier de quinze (15) années de fonction. Cette nouvelle architecture a finalement été mise en place par le décret du 18 avril 2012.

2. La mise en œuvre de la réforme : la composition des Tribunaux administratifs déconcentrés suivant le décret du 18 avril 2012

Après la répartition des Tribunaux administratifs, le législateur, plus précisément le pouvoir réglementaire et conformément à la loi, a songé à désigner les membres des différents Tribunaux administratifs. Le décret du 18 avril 2012 organise donc la composition au siège de ces Tribunaux. Le parquet, quant à lui, étant, comme on va le voir, celui des juridictions judiciaires. En effet, l'article 6 de la loi n° 2006/022 adopte la formule classique à savoir : une formation de jugement, un parquet et un service des greffes.

En guise de rappel, s'agissant, notamment de la formation de jugement, encore dénommée le siège, elle a prévu un président, des juges, un greffier en chef et des greffiers. À cet effet, le décret du 18 avril 2012 a désigné trois magistrats aux sièges des différents Tribunaux parmi lesquels un président comme l'indique l'article 6 alinéa 1 a (i) et (ii) de la loi n° 2006/022 susvisée. Il en est ainsi parce que le Tribunal administratif siège en formation collégiale de trois membres et leurs décisions sont rendues à la majorité des voix. Par ailleurs, le président peut être suppléé conformément au texte portant statut de la magistrature en cas d'absence ou d'empêchement[270]. Cette formation rend des jugements et des ordonnances. Les ordonnances relèvent de l'office ou de la juridiction du président ou encore du magistrat qu'il délègue à cet effet[271].

---

[270] Article 13 de la loi n° 2006/022.

[271] La Chambre administrative ne statuera plus sur les ordonnances de sursis à exécution et de référé par le canal d'un conseiller désigné par ordonnance du président pour une année comme c'était le cas, à titre transitoire. Article 119 alinéa 3 de la loi n° 2006/022, *précitée*.

Lorsqu'on confronte le décret du 18 avril 2012 à certaines dispositions de la loi n° 2006/022, des doutes surviennent. « A priori », cette composition paraît insuffisante parce que le texte ne désigne ni les personnels du service des greffes ni les juges non magistrats. Pour ce qui est de l'absence des juges non magistrats, le décret du 18 avril 2012 ne semble pas avoir fait une erreur parce que : d'une part, l'article 6 de la loi n° 2006/022 qui fixe la composition du Tribunal administratif ne fait pas allusion à cela et, d'autre part, parce que l'article 8 alinéa 2 de la loi ci-dessus visée n'en fait pas un impératif. Il dispose que cette catégorie de juge ou substitut en service extraordinaire au sein des Tribunaux administratifs peut être nommée pour les besoins du service. Le législateur n'a donc pas jugé nécessaire d'en désigner pour le moment. Toutefois, leur désignation aurait été aussi l'occasion d'apporter plus de précisions sur leur statut[272].

Au sujet des greffiers en chef et les greffiers[273], le législateur n'en fait, sans doute, pas mention dans le décret du 18 avril 2012 parce que le greffier en chef et les greffiers du Tribunal administratif sont nommés conformément au texte portant statut des personnels des greffes et à celui portant organisation administrative des juridictions[274].

Finalement, malgré ces évolutions, l'observateur reste peu convaincu non seulement en ce qui concerne la proximité entre ces Tribunaux administratifs et les justiciables mais aussi et surtout au sujet de leur autonomie.

---

[272] C. KEUTCHA TCHAPNGA, « La réforme attendue du contentieux administratif au Cameroun », *op. cit*, p. 27.
[273] Prévus par l'article 6 alinéa 1 a (iii) et (iv).
[274] Article 11 de la loi n° 2006/022, *précitée*.

§ II. L'autonomie incertaine des juridictions administratives face à leur rattachement aux juridictions de droit privé

Les aménagements qui ont été apportés au sein de la justice administrative camerounaise ces dernières années sont importants. Mais on ne peut pas manquer de relever que contrairement à ce qu'on peut observer dans d'autres modèles de contentieux administratif qui partagent la même tradition juridique que le Cameroun, il existe une dépendance du parquet des juridictions administratives à l'égard des juridictions de droit privé. Il en est ainsi tant au niveau des juridictions administratives de premier ressort que des instances dérivées comme l'appel.

En effet, au niveau des Tribunaux administratifs, l'article 6 de la loi n° 2006/022 prévoit qu'au parquet, ces Tribunaux sont constitués par le procureur général près la Cour d'appel du ressort du Tribunal administratif, d'un ou plusieurs substituts du procureur général. Le vocable Cour d'appel utilisé par le législateur, sans toutefois préciser de quelle Cour il s'agit, pouvait susciter des interrogations dans le cas où il existerait d'autres Cours administratives d'appel dans les autres régions du pays. Mais dès lors que la seule Cour administrative d'appel connue est la Chambre administrative de la Cour suprême, il n'y a pas de doute qu'il s'agit des Cours d'appel des juridictions de droit privé. La mise en œuvre des Tribunaux administratifs aujourd'hui conforte cette thèse. Selon les articles 19, 20 et 30 de la loi n° 2006/015 du 29 décembre 2006 portant organisation judiciaire, il est créé une Cour d'appel dans chaque région. Celle-ci est composée au parquet d'un procureur général, d'un ou plusieurs avocats généraux, d'un ou plusieurs substituts du procureur général ou plusieurs attachés. Le même texte précise qu'il « existe auprès de chaque Cour d'appel un parquet général dirigé par un procureur général qui relève directement du ministre chargé de la justice ».

Cette alliance entre la juridiction administrative et la juridiction judiciaire apparaît également au niveau de la Cour suprême, notamment sa Chambre administrative ; juridiction d'appel et de cassation. Ici, le ministère public est représenté par les avocats généraux qui sont placés sous l'autorité du procureur général près la Cour suprême. Ce dernier a par ailleurs le pouvoir de les muter indifféremment d'une chambre ou d'une section à une autre.

De ce point de vue, l'organisation structurelle du parquet des juridictions administratives se caractérise donc par un rattachement d'une partie de la juridiction administrative aux juridictions de l'ordre judiciaire. Cela n'est pas en accord avec l'idée du dualisme juridictionnel. Comme le souligne le Doyen Roger Bonnard, « pour apprécier dans quelle mesure les organisations des Tribunaux administratifs réalisent ou non l'autonomie qu'ils doivent avoir et les séparent matériellement et organiquement de l'administration, il faut d'abord savoir à quelles conditions un Tribunal administratif sera vraiment autonome et séparé de l'administration »[275].

L'auteur précise à cet égard que, d'un point de vue global, la justice administrative doit être structurée en prenant en compte « une séparation organique entre la fonction d'administrer et la fonction de juger les litiges administratifs »[276].

Dans un premier temps, il doit y avoir une « spécialisation dans la fonction juridictionnelle »[277], c'est-à-dire que la juridiction administrative « devra être un organe qui, étant investi de la fonction juridictionnelle, sera rigoureusement spécialisé dans l'exercice de cette fonction. C'est ainsi qu'il ne pourra pas cumuler avec la fonction juridictionnelle des attributions ressortissant proprement de la fonction

---

[275] R. BONNARD, *Le contrôle juridictionnel de l'administration. Étude de droit administratif comparé*, Paris, Dalloz, 2006, avant-propos de Bernard Pacteau, pp. 112 et 113.
[276] *Ibid.*
[277] *Ibid.*

administrative. Sa spécialisation s'oppose à ce qu'il possède une compétence pour faire des actes administratifs à côté de sa compétence pour les actes juridictionnels. Et même, dans l'activité qu'il exerce en la forme juridictionnelle, il devra se limiter à ce qui est opération juridictionnelle au point de vue matériel »[278].

Dans un second temps, le juge administratif doit jouir d'une « autonomie complète dans l'exercice de sa fonction juridictionnelle. Il devra notamment être indépendant de l'administration. À cet effet, il devra être placé complètement en dehors de la hiérarchie administrative, afin qu'il ne soit pas susceptible d'être soumis à une action de surveillance, d'instruction et de pouvoir hiérarchique »[279].

Enfin, et surtout, « l'indépendance du Tribunal vis-à-vis de l'administration veut aussi qu'aucun agent de l'administration ne vienne prendre part aux opérations juridictionnelles du Tribunal. D'ailleurs sa séparation avec les Tribunaux ordinaires exige qu'aucun de ses membres ne soit emprunté au personnel de ces Tribunaux »[280].

Au regard de ces différents critères, il y a certainement une entorse à la règle de la séparation des autorités administratives et judiciaires dans le contexte camerounais.

En France, par exemple, les ordonnances des 2 février et du 12 mars 1831 avaient confié ce rôle au sein des juridictions administratives à des commissaires du gouvernement. Depuis le décret n° 2009/14 du 7 janvier 2009 on parle de rapporteur public. Il s'agissait des membres du Conseil d'État chargés de représenter le gouvernement et de proposer au juge administratif une solution au litige. Toutefois, « les commissaires du gouvernement se sont considérés comme indépendants vis-à-vis du pouvoir exécutif et ils ont pris

[278] *Ibid.*
[279] *Ibid.*
[280] *Ibid.*

l'habitude de rendre leurs conclusions en leur propre nom, ce qui a largement contribué à mieux identifier et à structurer les règles du droit administratif »[281].

Ainsi, la justice administrative camerounaise n'est pas encore convenablement « placée au même rang de dignité que la juridiction judiciaire » donc n'est pas encore « à la fois indépendante d'elle et indépendante comme elle »[282]. Ce rattachement organique de la justice administrative à la juridiction judiciaire est autant déplorable que l'insuffisante autonomie de son personnel.

Section II. Une insuffisante autonomie du personnel

Du point de vue de la formation des acteurs de la justice administrative, notamment les magistrats, le modèle camerounais suscite encore quelques interrogations. En dépit des évolutions qui ont été enregistrées ces dernières années, cette institution demeure encore largement influencée par la présence en son sein des juges de formation privatiste (**§ 1**).

La récente modification de la loi n° 2006/016 relative à la Cour suprême et portant sur :

-la création d'une section « Common law » au sein de ladite Chambre

-l'ouverture d'une section « Common law » à l'École de formation des magistrats. On peut y ajouter

-les formations au contentieux administratif offertes aux acteurs de la justice

---

[281] P. TIFINE, *Droit administratif français*, http://www.revuegeneraledudroit.eu/blog/2013/08/25/droit-administratif-francais-introduction-chapitre-2/.

[282] C. KEUTCHA TCHAPNGA, *Précis de contentieux administratif au Cameroun. Aspects de l'évolution récente*, *op. cit*, p. 21.

-l'ouverture d'une section administrative au sein de l'École nationale d'administration et de magistrature font partie des mesures visant à assurer l'autonomie de cette juridiction. Mais l'analyse conduit à dire que cette autonomie est insuffisante car les juges judiciaires demeurent majoritaires bien qu'ils soient, depuis un certain temps, spécialisés (**§ 2**).

§ II. Des juges administratifs en majorité privatistes

Quelques rappels méritent d'être faits, au préalable, pour comprendre de tels propos. D'une part, en ce qui concerne les juridictions d'instances, l'article 8 alinéa 1 de la loi n° 2006/022 relative aux Tribunaux administratifs dispose que les membres du Tribunal administratif et ceux du parquet sont des magistrats relevant du statut de la magistrature.

L'article 9 du même texte ajoute que le président et les juges du Tribunal administratif sont nommés conformément au texte portant statut de la magistrature. Les magistrats du ministère public auprès du Tribunal administratif sont nommés conformément au texte portant statut de la magistrature, conclut l'article 10 de la même loi.

C'est aussi sur la base de ces dispositions que le décret du 18 avril 2012 a procédé à la désignation des juges au sein des différents Tribunaux administratifs nouvellement créés. D'autre part, en ce qui concerne les autres juridictions administratives, l'article 5, alinéa 1, de la loi de 2006 sur la Cour suprême dispose que les membres de cette Cour sont également des magistrats relevant du statut de la magistrature.

Il convient aussi de rappeler que ces magistrats sont formés à l'École nationale d'administration et de magistrature, Établissement de formation qui depuis sa création jusqu'en 2012 n'a formé que des magistrats de droit privé. Ainsi, pendant toutes ces années, et même en ce moment, même si cela n'apparaît que dans une certaine mesure, le règlement des litiges administratifs reste encore, pour une bonne part, confié à des magistrats de droit privé.

On peut relever comme exemple ce rattachement du parquet des Tribunaux administratifs au parquet général des Cours d'appel de l'ordre judiciaire du ressort territorial desdits Tribunaux. Cette approche, que certains observateurs essaient de justifier par des raisons de ressources financières et du principe de l'indivisibilité du parquet[283], porte atteinte à l'autonomie des juridictions administratives.

En effet, même si cette unification n'est qu'organique, étant donné qu'au sein des parquets généraux desdites Cours, le contentieux administratif est traité par des attachés au parquet général chargé du contentieux administratif, ces derniers étant des magistrats formés en droit et contentieux administratif, nul doute que ce travail se fait sous l'égide du procureur général près ladite Cour. Celui-ci est, sauf exception, un magistrat de formation privatiste. Ce procureur général est principalement chargé d'assurer les fonctions du ministère public dans le ressort de la Cour d'appel des juridictions de droit privé concernées. C'est lui qui donne les orientations significatives dans les affaires à traiter dans le cadre du contentieux administratif à ses différents collaborateurs qui en sont chargés. De ce point de vue, la justice administrative camerounaise porte toujours l'empreinte du droit privé sauf à envisager l'hypothèse où ce parquet général est placé sous la responsabilité d'un magistrat de droit public. Ce qui n'est qu'une hypothèse difficilement vérifiable.

Tout ceci conduit à déplorer, une fois de plus, l'absence de maîtrise du droit du contentieux administratif[284] par des magistrats de formation privatiste. C'est un tel profil qui explique, de l'avis de certains observateurs, certaines solutions

---

[283] S.-E. KOUA « La réforme du contentieux administratif du 29 décembre 2006 au Cameroun : regard rétrospectif d'un auditeur de justice administrative », *Revue Africaine de Sciences Juridiques*, n° 2/2015, p. 156.

[284] J. BINYOUM, *Contentieux administratif*, Cours polycopié, 3e année de licence, Université de Yaoundé,
1992, p. 17.

adoptées par cette juridiction[285]. Commentant cette dominance privatiste des magistrats au regard de la loi de 2006/022, un analyste soulignait que « de là à retomber dans les errements et les incohérences jurisprudentielles enregistrés jusqu'ici, il n'y a qu'un pas que le juge judiciaire ne manquera pas de franchir ; la pureté du droit administratif va continuer à s'en ressentir »[286].

Par contre, et à titre de droit comparé, au Gabon par exemple, le législateur n'a pas retenu cette approche. Les différents ordres de juridiction dans ce pays sont séparés en dépit de leur rattachement au conseil supérieur de la magistrature. En effet, « le président, les vice-présidents, les juges- magistrats et les représentants du ministère public sont choisis à titre principal parmi les magistrats de l'ordre administratif »[287]. Il y a, donc, contrairement à l'approche de son homologue camerounais, une distinction, d'abord, entre magistrat de carrière et juge non magistrat et, ensuite, ceux de l'ordre judiciaire et de l'ordre administratif.

En France également, une loi de 1986 a institué le conseil supérieur des tribunaux administratifs compétent aussi à l'égard des Cours administratives d'appel dont le rôle est équivalent à celui que joue le conseil supérieur de la magistrature pour les magistrats de l'ordre judiciaire. Il est présidé par le vice-président du conseil d'État[288]. La conception d'un juge administratif ici est différente. Le juge administratif ici, relève non pas du statut général de la magistrature mais du statut général de la fonction publique de l'État, d'une part et, d'autre part, il est recruté par le canal de l'École nationale d'administration[289].

---

[285] J.-C. ABA'A OYONO, « Les mutations de la justice à la lumière du développement constitutionnel de 1996 », *op. cit*, p. 84.

[286] C. KEUTCHA TCHAPNGA, « La reforme attendue du contentieux administratif au Cameroun », *op. cit*, p. 26.

[287] Article 77 alinéa 1 de la loi de 1994 portant organisation judiciaire au Gabon.

[288] Article L 231 et suivant du code de justice administrative.

[289] Voir J.-M. SAUVE, « Bilan d'une réforme », *in* C. Teitgen- Colly (dir), *Perspectives contentieuses des réformes de la justice administrative*, Paris, LGDJ, coll. « Systèmes-Droit », 2011, p. 33.

Ceci montre que dans un réel système juridictionnel dualiste, le juge administratif doit être un spécialiste qui doit s'adapter aux réalités de la société qu'il doit réguler. L'un des défis majeurs qui l'interpelle[290] est celui de la maîtrise des impératifs de la vie administrative c'est-à-dire, son aptitude à agir de manière à permettre à l'administration de fonctionner dans de bonnes conditions et, en même temps, maintenir les actions de cette dernière dans des limites raisonnables afin d'assurer la protection des droits et libertés. Le conseiller d'Etat Daniel Chabanol explique que pour jouer efficacement ce rôle d'arbitre entre ces valeurs souvent inconciliables, le juge administratif doit avoir une formation importante sur le plan administratif et juridique. Il doit être associé de façon permanente aux travaux de l'administration pour mieux comprendre ses contraintes et ses modes de fonctionnement. C'est d'ailleurs cette singularité de sa formation et de sa vie professionnelle qui explique le maintien de la dualité de juridiction[291].

C'est cet ensemble de connaissances qui permet au juge de construire une jurisprudence conséquente. En France, par exemple, au plan économique, la décision Blanco peut être considérée comme la conséquence de l'industrialisation de la société française de la fin du XIXème siècle bien observée par le juge. De même, c'est en tenant compte de la situation économique que dans l'affaire Compagnie générale d'éclairage de Bordeaux, il a souligné qu'en présence d'un événement imprévisible et extérieur aux parties et bouleversant l'économie du contrat, le cocontractant de l'administration devait poursuivre l'exécution et recevoir une indemnité[292]. En d'autres termes, pour mener à bien sa mission, le juge administratif doit être doté d'un « capital culturel »[293] conséquent.

---

290 Sur l'ensemble, lire : D. CONNIL, *L'office du juge administratif et le temps*, *op. cit*, *ibid*.
291 D. CHABANOL, *La pratique du contentieux administratif*, Paris, LexisNexis, coll. « Pratique professionnelle », 9e éd., 2011, p. 2.
292 D. CONNIL, *L'office du juge administratif et le temps*, *op. cit*, *ibid*.
293 *Ibid*.

Cela dit, à l'opposé du modèle français dont il s'inspire, le juge administratif camerounais n'est pas véritablement spécialisé et même indépendant[294]. Parlant de l'indépendance, il est parfois peu audacieux, agissant moins comme un « expert du droit capable de dire ce que signifie la loi et de faire cadrer des législations imparfaites avec la totalité du système juridique »[295] dès lors que son indépendance n'est pas bien assumée à l'égard de l'exécutif. Un observateur fait remarquer, en ce sens, « que même dans la nouvelle configuration des pouvoirs, le juge confronté à des affaires ayant une implication politique est dans une position inconfortable. Soit il est tenté de refuser de se prononcer en invoquant des arguments de procédure, soit de recourir à des principes d'interprétations ménageant la suprématie du politique »[296]. Ainsi, la dépendance de la juridiction administrative vis-à-vis du « versant judiciaire » est persistante car même les aménagements apportés en ce sens restent relatifs.

§ II. L'insuffisance des juges administratifs spécialistes

Depuis l'année 2011 au Cameroun, on observe une multiplication des travaux, notamment des ateliers, des séminaires au profit des acteurs de la justice, particulièrement à l'attention des magistrats et avocats. Ces travaux visent à leur apporter des outils nécessaires au traitement du contentieux administratif. Les pouvoirs publics ayant certainement pris en compte la sonnette d'alarme tirée par la doctrine lorsqu'elle

---

[294] Il en est ainsi, d'une manière générale, en Afrique. Voir M. DEBERE, « La justice sans juge, d'hier à demain », *in* J. du Bois de Gaudusson, G. Conac (dir), « La justice en Afrique », *Afrique contemporaine*, numéro spécial, 4e trimestre, 1990, p. 87, cité par C. DOUNKENG ZELE, « Le paradoxe de l'institution judiciaire dans les régimes politiques africains de 1960 jusqu' à nos jours : entre déconstruction et reconstruction relative d'un pouvoir », *Revue internationale de droit africain,* n° 91/2011, p. 60.

[295] A. DONSOU, « Acteurs politico-institutionnels et État de droit constitutionnel en Afrique », *in* M. Moustapha Aidara (dir), *A l'ombre du droit*, Paris, L'Harmattan, 2013, p. 179.

[296] C. DOUNKENG ZELE, « Le paradoxe de l'institution judiciaire dans les régimes politiques africains de 1960 jusqu'à nos jours : entre déconstruction et reconstruction relative d'un pouvoir », *op. cit*, p. 70; M. P. ZE, « Réflexions sur la réforme de la justice administrative au Cameroun », *op. cit*, p. 66.

soulignait que « la non-spécialisation des magistrats formés à d'autres types de contentieux serait à l'origine du caractère incertain de la jurisprudence administrative »[297].

C'est en ce sens que les formations ainsi lancées ont été faites au profit non seulement des magistrats de la Cour suprême ainsi qu'à leurs collaborateurs, greffiers et avocat, mais aussi à l'ensemble des acteurs de la justice administrative dans les différentes régions du pays. Elles ont été réalisées à travers le programme d'appui au secteur de la justice avec l'aide de l'Union européenne.

De même, au courant de l'année 2012, à la suite du décret portant nomination des juges auprès des tribunaux administratifs, nouvellement créés, ces nouveaux juges administratifs spécialisés ont bénéficié d'une formation en droit et contentieux administratif tant au Cameroun qu'à l'étranger, notamment à travers un séjour au sein du Conseil d'État français.

La formation au droit et contentieux administratif a également été offerte aux trente jeunes auditeurs de justice administrative appelés à exercer en qualité d'attachés au parquet général chargé du contentieux administratif dans les différentes régions du pays.

L'évolution la plus significative a été l'ouverture à l'École nationale d'administration et de magistrature d'une section administrative.

Analysant ces évolutions, un observateur souligne qu'avant le déploiement sur le terrain de ces nouveaux juges administratifs spécialistes, les juridictions administratives ont commencé à travailler avec des « juges judiciaires spécialisés en contentieux administratif » étant donné que « seules de telles formations [...] peuvent permettre aux futurs juges

[297] C. KEUTCHA TCHAPNGA, *Précis de contentieux administratif au Cameroun. Aspects de l'évolution récente*, *op. cit*, p. 233.

administratifs camerounais de rendre progressivement plus intelligible leur lecture des textes »[298].

Tous ces éléments montrent que sur le plan de la formation des magistrats, celle des juges administratifs spécialistes est désormais envisagée et mérite d'être saluée. Toutefois, elle reste limitée au regard de l'ampleur, notamment sur le volume, du contentieux administratif camerounais aujourd'hui. Ces juges administratifs spécialistes sont en nombre insuffisant. Dans une certaine mesure, leur action restera donc discrète. Une dizaine de magistrats administratifs par promotion ne peut pas laisser croire que le contentieux administratif pourra systématiquement être traité par des spécialistes. Il faudra encore attendre qu'un nombre important de ces magistrats soit déployé sur le terrain pour conclure à une véritable prise en charge du contentieux administratif par des spécialistes.

---

[298] *Ibid*, p. 234.

Conclusion

La rénovation de la composition de la Cour suprême, devenue juridiction d'appel et de cassation en contentieux administratif camerounais, ainsi que la création des tribunaux administratifs régionaux marquent une évolution remarquable dans l'histoire de cette institution. Mais cette réforme est limitée. À titre de droit comparé, en droit gabonais, par exemple, on parle de commissaire à la loi, un organe différent de la juridiction de l'ordre judiciaire, s'agissant du ministère public près les juridictions administratives. Au Cameroun, cet organe est assuré par le parquet des juridictions de droit privé. Cela biaise sans doute son autonomie.

De même, malgré l'avènement des juges administratifs spécialisés en contentieux administratif, le règlement du contentieux administratif au Cameroun restera encore, pour une bonne part, assurer par des juges judiciaires spécialisés. Il en est ainsi compte tenu de la présence très insuffisante des juges administratifs spécialistes. L'on n'est donc pas encore sérieusement sorti du système juridictionnel de « deux dans l'un », avec comme conséquence des flottements dans la démarche des juges, source d'incertitudes jurisprudentielles[299].

---

[299] M. KAMTO, « La fonction administrative contentieuse de la Cour suprême du Cameroun », *op. cit*, pp. 31 et 38.

Conclusion générale

Les mutations récentes de la justice administrative camerounaise, tant sur le plan de sa structure que de ses procédures, sont remarquables. Mais ces évolutions comportent aussi des limites importantes. Ces limites portent sur l'accès au juge. À cet égard, on peut noter, d'une part, les limites relatives aux recours précontentieux et, d'autre part, celles portant sur l'éloignement géographique des juridictions. On peut également noter des limites en ce qui concerne l'autonomie structurelle de ces juridictions, sans oublier le problème de la formation des magistrats.

Sur le plan de la procédure, le recours gracieux et le recours de tutelle sont des conditions de recevabilité des actions devant le juge. Ils sont quasiment incontournables. Mais sont-ils vraiment nécessaires dans tous les cas ? Cette interrogation mérite d'être évoquée en matière de référé, encore dit contentieux d'urgence, où l'intervention du juge doit se faire dans un délai bref. La jurisprudence illustre bien la règle du rejet des recours contentieux en cas de manquement à ces deux exigences. Cependant, l'on doit regretter cette rigueur jurisprudentielle pour la simple raison qu'il n'existe pas de possibilité d'inviter les requérants à régulariser les recours même lorsque cela est faisable. C'est donc dans ce sens qu'il faut percevoir la phase précontentieuse comme une formalité qui limite l'accès au prétoire[300]. L'irrecevabilité d'un recours contentieux en l'absence d'un recours gracieux est tout à fait logique car on peut bien se demander à quoi il servirait d'imposer un recours administratif préalable à la saisine du juge si l'on peut, par exemple, intenter un recours avant même d'obtenir la réponse de l'administration ? La présence « d'un mécanisme contraignant de règlement non-juridictionnel des litiges n'aurait plus aucun sens s'il était permis au requérant,

[300] En ce sens, A. CIAUDO, « Le recours administratif préalable obligatoire, un obstacle à l'accès au juge ? », *in* V. Donier, B. Lapérou-Scheneider (dir), *L'accès au juge, Recherches sur l'effectivité d'un droit*, Bruxelles, Bruylant, 2013, pp. 826-836.

une fois son recours contentieux introduit, de régulariser le défaut de saisine préalable de l'administration »[301]. Ainsi, la consécration de cette exigence préalable vise prioritairement une issue autre que juridictionnelle[302]. Mais son caractère impératif ne devrait pas exclure la moindre possibilité d'atténuation. En effet, les atténuations sont nécessaires pour assurer le droit au juge ; les règles de procédure étant aussi un domaine privilégié dans lequel le juge doit prendre en compte des considérations d'équité[303]. C'est ce qui a souvent conduit le juge administratif français à les assouplir[304]. Cette exclusion de toute atténuation traduit donc le manque d'audace dont font parfois preuve les juges en Afrique francophone. Le professeur Gérard Conac a qualifié une telle attitude comme étant un « maniement habile des règles de procédures » visant à « garantir » leur « confort » en « évitant d'avoir à trancher des cas parfois délicats ». Et l'auteur de conclure que cela est perçu « comme des dénis de justice »[305].

Par exemple, dans l'affaire *Onomo Owona Ferdinand* où le requérant avait introduit son recours contentieux le 23 avril 2003, à la suite d'un recours gracieux le 15 avril de la même année, le juge a relevé que « le recours contentieux introduit avant l'expiration du délai de trois mois imparti à l'autorité saisie du recours gracieux y afférente était irrecevable »[306].La question s'est également posée dans l'affaire *Ondoa Jean-Jacques*[307]. En l'espèce, le requérant sollicitait le retrait d'un

---

[301] A. CLAEYS, *L'évolution de la protection juridictionnelle de l'administré au moyen du recours pour excès de pouvoir*, Thèse de doctorat en droit, université de Poitiers, 2005, p. 365.

[302]En ce sens, J.-F. BRISSON, *Les recours administratifs en droit public français… op. cit*, p. 455.

[303] M. FOULETIER, *Recherche sur l'équité en droit public français*, Paris, LGDJ, coll. « Bibl, de droit public », t. 180, préface de Bernard Pacteau, 2003, p. 83.

[304] D. CHABANOL, « La régularisation des requêtes devant la juridiction administrative », *AJDA*, 1993, p. 331.

[305] G. CONAC, « Le juge et la construction de l'Etat de droit en Afrique », *in Mélanges Guy Braibant*, *op. cit*, p. 116 et ss.

[306] CS/CA, jugement n° 77/2011, 23 mars 2011, *Onomo Owona Ferdinand c/Mindaf.*

[307] CS/CA, ord., sursis, n° 70, 30 août 2010, *Ondoa Jean-Jacques c/ Mindaf.*

titre foncier et, accessoirement, le sursis à exécution de la décision en cause. Pour y parvenir, il avait saisi le juge d'un recours contentieux le 30 août 2006 lequel avait été précédé d'un recours gracieux formulé le 23 août de la même année. Conscient du caractère biaisé de sa démarche, le requérant indiquait dans ses conclusions que « bien que le délai imparti à l'autorité administrative ne soit pas expiré, [il était] fondé » à exercer un tel recours. Malgré l'adhésion du ministère public à cette argumentation, le juge avait rejeté ce recours pour défaut de recours gracieux. On peut remarquer que dans ces affaires, le juge s'est prononcé au bout de plusieurs années suivant la saisine. Dans ces conditions, on peut regretter qu'entre la date d'introduction d'un recours contentieux, qu'il qualifie de précoce, et celle du jugement, il aurait pu donner l'occasion au requérant de régulariser son recours. À titre de droit comparé, en pareil cas, le Conseil d'État français, au lieu de rejeter le recours contentieux parce que prématuré, prononce généralement la recevabilité du recours au motif que le délai prévu pour la naissance de l'acte tacite de rejet arrive à expiration avant que la juridiction administrative ne se soit prononcée sur le fond. Quand aucune décision expresse donnant satisfaction au requérant n'est intervenue, le juge ne saurait prononcer la fin de non-recevoir d'un tel recours. C'est la solution clairement posée par la jurisprudence du Conseil d'État dans l'affaire Sieur *Andy*[308].Ainsi, la consécration du recours gracieux en matière de référé apparaît comme un obstacle à la nécessaire intervention urgente du juge et donc un obstacle à l'accès au prétoire. La place d'un juge, en tant qu'acteur important dans la construction d'un État de droit, s'apprécie aussi en fonction de son rôle de contrôleur de l'action administrative. Afin qu'un juge puisse mettre en œuvre un véritable principe de la responsabilité administrative[309], son prétoire doit être accessible. Dans sa configuration actuelle, le recours gracieux, et même le recours de tutelle apparaissent

[308] CE, 8 juil. 1970, n° 72891, *Rec.*, p. 470.

[309] S. YEDOH LATH, « Les caractères du droit administratif des États africains de succession française. Vers un droit administratif africain francophone ? » *op. cit*, pp. 1286 et s.

encore comme des « protecteurs de la puissance publique »[310]. Dans un système qui se veut transparent, les dommages causés par l'administration à des citoyens doivent être réparés[311]. De ce point de vue, la réforme récente du contentieux administratif camerounais est critiquable.

Sur le plan géographique, la déconcentration de la justice administrative reste inachevée. Il en est ainsi non seulement en raison d'une absence de délocalisation de la juridiction d'appel mais aussi des juridictions d'instances. En effet, la création d'un Tribunal administratif dans chaque région du pays ne prend pas en compte les réalités logistiques et les infrastructures de communication. Comme ont pu le relever de nombreux observateurs, si en « Europe occidentale, l'administration est le produit continu d'une complexification croissante et erratique de tout ou partie de la société, en Afrique francophone elle n'est le plus souvent qu'un appareil formel d'exploitation et de gestion. L'administration n'apparaît alors jamais comme l'instrument né de la complexification des structures économiques et sociales, mais comme un produit fini, préfabriqué, imposé pour assurer une succession d'État »[312]. Ainsi, les efforts de décentralisation n'ont pas toujours été « efficaces et l'organisation administrative contentieuse » étant calquée sur cette organisation globale de l'Etat, sa caractéristique principale est « l'éloignement de la justice des justiciables »[313]. Par ailleurs, dans les pays africains[314], la

---

[310] J- C. ABA'A OYONO, *La compétence de la juridiction administrative en droit camerounais*, *op. cit*, p. 282.

[311] En fait, le nombre de requêtes rejetées pour défaut de recours gracieux varie entre 15 et 20 pourcent en moyenne chaque année, H.-C. NJOCKE, « Juridiction administrative : une réforme inachevée », *op. cit*, p. 60.

[312] D. DARBON, *Le paradoxe administratif : perspective comparée autour de cas africains*, Thèse, Université de Bordeaux 1, 1991, p. 79.

[313] A. KAH, *La codification administrative au Sénégal*, *op. cit*, pp. 277-278.

[314] Même en France, la question de la distanciation géographique des juridictions se pose. Mais le problème est moins complexe car les moyens de transports et de communication connaissent moins de difficultés qu'en Afrique. Pour résoudre une telle difficulté, s'agissant des services de la poste, le législateur français a prévu qu'en dehors des cas exceptionnels, les règles

fracture numérique est considérable. C'est de façon très progressive que la plupart de ces pays s'adaptent à ce nouvel outil de travail[315]. Les moyens de communication sont insuffisants[316]. Au Cameroun, compte tenu de l'insuffisance des travaux d'entretien, les routes sont très exposées aux intempéries et donc souvent impraticables. Les voies ferrées et aéroportuaires ne couvrent que quelques régions. Dans tous les cas, ces moyens de communication ne sont pas très performants[317] et ne peuvent pas suffisamment accompagner la justice.

Du point de vue de son autonomie, on relève, dans un premier temps, qu'au plan structurel, le législateur rattache la fonction du ministère public des juridictions administratives au parquet des juridictions de droit privé. Autrement dit, sur le plan structurel, le ministère public dans le contentieux administratif est le même que celui des juridictions judiciaires. Même si le contentieux administratif est traité ici par des attachés au parquet général chargés du contentieux administratif, et sont des magistrats spécialistes, ce travail est réalisé sous l'égide du procureur général près d'une Cour d'appel qui relève des juridictions judiciaires. Ce dernier étant, en l'état actuel des choses, un magistrat privatiste. Ainsi,

---

concernant l'organisation de ce service « ne peuvent autoriser que plus de dix pourcent (10 %) de la population d'un département se trouve éloignée de plus de cinq (05) km et de plus de vingt (20) minutes de trajet automobile, dans les conditions de circulation du territoire concerné, des plus proches points de contact de La Poste » (Art. 6, loi n° 90/568, 2 juil. 1990, relative à l'organisation du service public de la Poste et à France Télécom). Sur l'usage des télérecours en France, voir T. PIETTE-COUDOL, « Les recours aux moyens électroniques dans la procédure civile, pénale et administrative », *Communication commerce électronique*, 2009, Étude 24.

[315] Exemple récent en droit ivoirien : Art. 31-2 (nouveau), *Code de procédure pénale civile et administrative*, introduit par l'ordonnance n° 2015/180 du 24 mars 2015.

[316] K. AHADZI, « L'accès à la justice. Brèves réflexions sur le cas des États d'Afrique noire francophone », *in* M. Pâques et M. Faure (dir), *La protection de l'enivrement au cœur du système juridique international et du droit interne. Acteurs, valeurs et efficacité*, Bruxelles, Bruylant, 2003, p. 404.

[317] R. MBALLA OWONO, *Les délais de distance en contentieux administratif camerounais*, Mémoire de DEA, Université de Douala, 2004, p. 60.

comme le fait observer la doctrine, l'on assiste au sein de la juridiction administrative à la protection de l'administration par le ministère public qui entretient l'illusion de la liberté de la parole[318]. Cette approche rappelle la situation avant les indépendances où la règle de la séparation des autorités administratives et judiciaires n'était pas suffisamment respectée. Cela était lié au dilemme auquel le Conseil d'État était confronté à savoir : assurer la justice administrative en prenant en compte les impératifs de la colonisation[319]. Dans un second temps, s'agissant de la formation des magistrats, celle des juges administratifs spécialistes est désormais prévue. Toutefois, ces juges administratifs spécialistes sont très peu nombreux en ce moment. De ce point de vue, si l'on maintien, sur le plan numérique, le quota actuel des auditeurs de justice formés au contentieux administratif à l'Ecole Nationale d'Administration et de Magistrature, il serait intéressant de déployer aussi les juges non magistrats, notamment les fonctionnaires, afin de renforcer ce transfert, souhaité, du contentieux administratif à des juges spécialistes.

C'est donc sous réserve de toutes ces améliorations que la justice administrative camerounaise, et même dans de nombreux pays d'Afrique, pourra être considérée comme étant capable de mettre en place et d'entretenir un équilibre entre la préservation de l'intérêt général et les droits des administrés.

---

318 H.-M. NTAH A MATSAH, *Le ministère public dans le contentieux administratif au Cameroun : Contribution à l'étude des organes de la juridiction administrative au Cameroun*, Thèse, Université de Yaoundé 2, 2010, p. 412.

319 S. BELAID, « La juridiction administrative en Tunisie, présentation générale et observations critiques », *in* G. Conac et J. du Bois de Gaudusson (dir), *Les Cours suprêmes en Afrique*, *op. cit*, p. 314; B. PACTEAU, « Colonisation et justice administrative », *in Le Conseil d'État et l'évolution de l'outremer français du XVIIe siècle à 1962*, Paris, Dalloz, 2007, pp. 49-71.

Liste des annexes

Annexe 1 : Extrait de la Constitution camerounaise du 18 janvier 1996, révisée par la Loi n° 2008/001 du 14 avril 2008

Annexe 2 : Loi n° 2006/015 du 29 décembre 2006 portant organisation judiciaire au Cameroun, modifiée par la Loi n° 2011/027 du 14/12/2011 (création du tribunal criminel spécial)

Annexe 3 : Loi n° 2006/016 du 29 décembre 2006 fixant l'organisation et le fonctionnement de la Cour suprême du Cameroun, modifiée par la Loi n° 2017/014 du 12 juillet 2017 (création de la section Common Law) (Extrait)

Annexe 4 : Loi n° 2006/022 du 29 décembre 2006 fixant l'organisation et le fonctionnement des Tribunaux administratifs au Cameroun (Extrait)

Annexe 5 : Décret n° 2012/119 du 15 mars 2012 portant ouverture des Tribunaux administratifs

Annexe 6 : Décret n° 2012/194 du 18 avril 2012 portant nomination des magistrats du siège dans les Tribunaux administratifs

Annexe 1

Loi n° 2008/001 du 14 avril 2008 et Loi n° 96/06 du 18 janvier 1996 portant révision de la Constitution camerounaise du 2 juin 1972 (Extrait)

TITRE V
DU POUVOIR JUDICIAIRE

Article 37.-

1. La justice est rendue sur le territoire de la République au nom du peuple camerounais.

2. Le pouvoir judiciaire est exercé par la Cour Suprême, les Cours d'appel, les Tribunaux. Il est indépendant du pouvoir exécutif et du pouvoir législatif.
   Les magistrats du siège ne relèvent dans leurs fonctions juridictionnelles que de la loi et de leur conscience.

3. Le Président de la République est garant de l'indépendance du pouvoir judiciaire.
   Il nomme les magistrats. Il est assisté dans cette mission par le Conseil Supérieur de la Magistrature qui lui donne son avis sur les propositions de nomination et sur les sanctions disciplinaires concernant les magistrats du siège.
   L'organisation et le fonctionnement du Conseil Supérieur de la Magistrature sont déterminés par la loi.

Article 38.-

1. La Cour Suprême est la plus haute juridiction de l'Etat en matière judiciaire, administrative et de jugement des comptes.

2. Elle comprend :
   - une chambre judiciaire ;
   - une chambre administrative ;
   - une chambre des comptes.

Article 39.- La chambre judiciaire statue souverainement sur :

- les recours en cassation admis par la loi contre les décisions rendues en dernier ressort par les cours et les tribunaux de l'ordre judiciaire ;
- les décisions des juridictions inférieures de l'ordre judiciaire devenues définitives dans les cas où l'application du droit est en cause ;
- toute matière qui lui est expressément attribuée par la loi.

Article 40.- La chambre administrative connaît de l'ensemble du contentieux administratif de l'Etat et des autres collectivités publiques.

Elle connaît en appel du contentieux des élections régionales et municipales.

Elle statue souverainement sur les décisions rendues en dernier ressort par les juridictions inférieures en matière de contentieux administratif.

Elle connaît de toute autre matière qui lui est expressément attribuée par la loi.

Article 41.- La chambre des comptes est compétente pour contrôler et statuer sur les comptes publics et ceux des entreprises publiques et parapubliques.

Elle statue souverainement sur les décisions rendues en dernier ressort par les juridictions inférieures des comptes.

Elle connaît de toute autre matière qui lui est expressément attribuée par la loi.

Article 42.-

1. L'organisation, le fonctionnement, la composition, les attributions de la Cour Suprême et des chambres qui la composent ainsi que les conditions de saisine et la procédure suivie devant elles sont fixés par la loi.

2. L'organisation le fonctionnement, la composition, les attributions des Cours d'appel, des Tribunaux de l'ordre judiciaire, des Tribunaux administratifs et des juridictions inférieures des comptes ainsi que les conditions de saisine et la procédure suivie devant eux sont fixés par la loi.

Annexe 2

Loi n° 2006/015 du 29 décembre 2006 portant organisation judiciaire au Cameroun, modifiée par la Loi n° 2011/027 du 14/12/2011 (création du Tribunal criminel spécial)

(Extrait)

L'Assemblée nationale a délibéré et adopte,

Le Président de la République promulgue la loi dont la teneur suit :

CHAPITRE I : DES DISPOSITIONS GENERALES

Article 1er: La présente loi porte organisation judiciaire au Cameroun.

Article 2 :

(1) La justice est rendue sur le territoire de la République au nom du Camerounais.

(2) Le pouvoir judiciaire est exercé par la Cour Suprême, les Cours d'Appel et les Tribunaux.

Article 3 : L'organisation judiciaire comprend :

- la Cour Suprême;

- les Cours d'Appel;

- les juridictions inférieures en matière de contentieux administratif;

- les juridictions inférieures des comptes;

- les Tribunaux Militaires ;

- les Tribunaux de Grande Instance ;

- les Tribunaux de Première Instance ;

- les juridictions de droit traditionnel ;

Article 4 :

(1) La loi fixe:

- l'organisation de la Cour Suprême et des Chambres qui la composent

-l'organisation des juridictions inférieures en matière de contentieux administratif;

- l'organisation des juridictions inférieures des comptes;

- l'organisation judiciaire militaire;

- l'organisation des juridictions statuant en matière sociale ;

- l'organisation des juridictions statuant en matière de droit traditionnel ;

- Un texte particulier fixe l'organisation administrative des juridictions.

Article 5 : Sous réserve des dispositions des articles 15 et 18 ci-dessous, les saisines des juridictions et la procédure à suivre devant elles sont fixées sus relatives à la procédure.

Article 6 :

(1) La justice est rendue publiquement et toute décision est prononcée publiquement.

(2) Toute violation de l'alinéa 1er ci-dessus entraîne nullité d'ordre public de la procédure de jugement.

(3) Toutefois, en cas de disposition expresse de la loi. Les débats ont lieu hors la présence du public, en Chambre du Conseil.

En outre, toute juridiction peut, d'office ou à la demande d'une ou de plusieurs parties et dans une affaire déterminée, ordonner le huis clos pour tout ou partie des débats, lorsque la publicité apparaît dangereuse pour la sûreté de l'Etat, l'ordre public ou les bonnes mœurs. Dans ce cas, les débats ont lieu hors la présence du public et mention en est faite dans la décision qui est rendue publiquement.

(4) Toute décision est rédigée avant son prononcé.

Article 7 : Toute décision judiciaire est motivée en fait et en droit. L'inobservation de la présente disposition entraîne nullité d'ordre public de la décision.

Article 8 :(1) La justice est gratuite, sous la seule réserve des dispositions fiscales relatives notamment au timbre et à l'enregistrement et de celles concernant la multiplication des dossiers d'appel et de pourvoi.

(2) Les émoluments statutaires des' défenseurs et autres auxiliaires de justice, les frais d'instruction du procès et d'exécution des décisions de justice sont avancés par la partie au profit de laquelle ils sont engagés. Ils sont supportés par la partie qui succombe, sauf décision contraire motivée de la juridiction,

(3) En matière pénale ou dans tout autre cas prévu par la loi, le Trésor public avance et, le cas échéant, supporte tous les frais de justice à la charge du Ministère public.

(4) L'assistance judiciaire est accordée suivant les règles fixées par un texte particulier.

Article 9 :(1) Les actes juridictionnels contiennent les noms du ou des magistrats du siège ayant participé à la décision et sont revêtus de leur signature.

Ceux des actes dont l'accomplissement nécessite l'assistance du greffier contiennent le nom de celui-ci et sont revêtus de sa signature.

(2) En cas de composition collégiale, 1res décisions sont prises à la majorité des voix.

(3) Les magistrats minoritaires peuvent exprimer, par écrit, leur opinion et la consigner au dossier de procédure.

Article 10 : Les mandats de justice et les décisions de justice sont exécutoires sur toute l'étendue du territoire national.

Article 11 : Les expéditions des arrêts, jugements, mandats de justice ainsi que les grosses et expéditions des contrats et tous actes susceptibles d'exécution forcée, sont revêtus de la formule exécutoire ainsi introduite:

« République du Cameroun »

« Au nom du peuple camerounais »

et terminée par la mention suivante :

« en conséquence, le Président de la République mande et »

« ordonne à tous huissiers et agents d'exécution sur ce »

« requis, de mettre le présent arrêt (ou jugement, etc.) »

« à exécution, aux procureurs généraux, aux procureurs de »

« la République, d'y tenir la main : à tous commandants »

« et officiers de la force publique, de prêter main forte »

« lorsqu'ils en seront légalement requis ».

Article 12 :(1) Les juridictions assurent leur service du 1er janvier au 31 décembre de l'année.

(2) a) Le ministre chargé de la justice fixe, sur propositions des chefs de Cours d'Appel, des Présidents des juridictions inférieures des comptes et des Présidents des juridictions inférieures en matière de contentieux administratif, les dates d'audiences des juridictions, à l'exception de la Cour Suprême.

b) La période allant du 1er juillet au 30 septembre est consacrée aux vacances judiciaires.

c) Pendant les vacances judiciaires, le nombre d'audiences est réduit d'un tiers au plus, sauf en ce qui concerne les affaires pénales, les référés et toutes autres affaires réputées urgentes.

CHAPITRE II : DU TRIBUNAL DE PREMIERE INSTANCE

Article 13 :(1) Il est créé un Tribunal de Première instance par arrondissement. Toutefois, suivant les nécessités de service, le ressort dudit Tribunal peut être étendu à plusieurs arrondissements, par décret du Président de la République.

(2) Le Tribunal de Première Instance siège au Chef-lieu de l'arrondissement.

Toutefois, le Tribunal peut tenir des audiences hors de son siège. Ces audiences sont appelées audiences foraines.

Article 14 :(1) Le Tribunal de Première Instance comprend:

a) au siège:

- un Président;
- un ou plusieurs juges;
- un Greffier en chef ;
- des greffiers.

b) à l'instruction:

- un ou plusieurs Juges d'instruction ;
- un ou plusieurs greffiers.

c) au Parquet:

- un Procureur de la République;
- un ou plusieurs Substituts du Procureur de la République.

(2) a) Toute affaire soumise au Tribunal de Première Instance est jugée par un seul magistrat.

b) Toutefois, le Tribunal peut siéger en formation collégiale, composée de trois (3) membres, sur ordonnance du Président, prise d'office ou sur réquisitions du Ministère public ou à la requête d'une partie.

(3) En matière sociale, le Tribunal de Première Instance est composé conformément aux dispositions du Code du travail.

Article 15 :(1) Le Tribunal de Première Instance est compétent pour connaître:

a) En matière pénale:

- des infractions qualifiées de délits ou de contraventions
- des demandes de mise en liberté formées par toute personne détenue et poursuivie devant lui, pour une infraction de sa compétence;
- des crimes commis par les mineurs sans coauteur ou complice majeur.

b) En matière civile, commerciale ou sociale ;

- des actions en recouvrement, par procédure simplifiée, des créances civiles ou commerciales certaines,

liquides et exigibles n'excédant pas dix millions (10 000 000) de francs CFA;
- des différends dont le montant de la demande est inférieur ou égal à dix millions (10.000.000) de francs CFA.

Nonobstant les dispositions de l'alinéa 1 ci-dessus, le Tribunal de Première Instance, compétent sur l'action principale, est également compétent pour statuer sur les demandes reconventionnelles, quel qu'en soit le montant.

(2) Le Président du Tribunal de Première Instance ou le magistrat du siège par lui délégué à cet effet est compétent pour

- statuer sur les procédures en référé ;
- rendre les ordonnances sur requête ;
- connaître du contentieux de l'exécution des décisions du Tribunal de Première

Instance et d'autres titres exécutoires, à l'exclusion de ceux émanant des Tribunaux de Grande Instance, des Cours d'Appel et de la Cour Suprême;

- connaître des demandes d'exequatur.

(3) a) Lorsqu'il statue en matière pénale, le Tribunal de Première Instance est, sauf dispositions contraires, compétent pour connaître de l'action en réparation du dommage causé par l'infraction.

b) Nonobstant les dispositions de l'alinéa (1) paragraphe (b) du présent article, le Tribunal de Première Instance, lorsqu'il statue sur le préjudice résultant d'une infraction à la loi pénale comme prévu au paragraphe (a) ci-dessus, est compétent pour connaître des demandes en dommages intérêts d'un montant supérieur à dix millions (10.000.000) de francs CFA.

(4) Lorsque le Tribunal de Première Instance statue en matière de délinquance juvénile, sa composition ainsi que la procédure à suivre sont fixées par une loi spéciale.

CHAPITRE II : DU TRIBUNAL DE GRANDE INSTANCE

Article 16:(1) Il est créé un Tribunal de Grande Instance par département. Toutefois, suivant les nécessités de service, le ressort d'un Tribunal de Grande Instance peut être étendu à plusieurs départements, par décret du Président de la République.

(2) Le Tribunal de Grande Instance siège au Chef-lieu du département. Toutefois, il peut tenir des audiences hors de son siège, Ces audiences sont appelées audiences foraines.

Article 17 : (1) Le Tribunal de Grande Instance comprend:

a) au siège:

- un Président;
- un ou plusieurs juges;
- un Greffier en chef;
- des greffiers.

b) à l'instruction:

- un ou plusieurs Juges d'Instruction;
- un ou plusieurs greffiers.

c) au Parquet:

- un Procureur de la République;
- un ou plusieurs Substituts du Procureur de la République.

(2) Le Président du Tribunal de Première Instance du siège d'un Tribunal de Grande Instance peut, cumulativement avec ses fonctions, être nommé Président dudit Tribunal.

(3) Les juges d'instruction du Tribunal de Première Instance du siège d'un Tribunal de Grande Instance peuvent, cumulativement avec leurs fonctions, être nommés juges d'instruction de ce Tribunal de Grande Instance.

(4) Les juges du Tribunal de Première Instance du siège d'un Tribunal de Grande Instance peuvent, cumulativement avec leurs fonctions, être nommés juges de ce Tribunal de Grande Instance.

(5) Le Greffier en chef du Tribunal de Première Instance du siège d'un Tribunal de Grande Instance peut, cumulativement avec ses fonctions, être nommé Greffier en chef de ce Tribunal de Grande Instance.

(6) Les greffiers du Tribunal de Première Instance du siège d'un Tribunal de Grande Instance peuvent, cumulativement avec leurs fonctions, être nommés greffiers de ce Tribunal de Grande Instance.

(7) Toute affaire soumise au Tribunal de Grande Instance est jugée par un seul magistrat.

Toutefois, le Tribunal peut siéger en formation collégiale composée de trois (3) membres, sur ordonnance du Président, prise d'office ou sur réquisitions du Ministère public ou à la requête d'une partie.

(8) En matière sociale, le Tribunal de Grande Instance est composé conformément aux dispositions du Code du travail.

Article 18 : (1) Le Tribunal de Grande Instance est compétent pour connaître :

a) en matière pénale:

- des crimes et délits connexes, sans préjudice des dispositions de l'article

13 alinéas 1 et 3 ci-dessus;

- des demandes de mise en liberté formées par toute personne détenue et renvoyée devant lui, pour des infractions de sa compétence.

b) en matière civile, commerciale et sociale;

- des actions et procédures relatives à l'état des personnes, à l'état civil, au mariage, au divorce, à la filiation, à l'adoption et aux successions;
- des demandes de paiement des sommes d'argent supérieures à dix millions

(10.000.000) de francs CFA

- des demandes de recouvrement, par procédure simplifiée, des créances civiles ou commerciales certaines liquides et exigibles, d'un montant supérieur à dix millions (10 000 000) de francs CFA ainsi que des créances commerciales certaines, liquides et exigibles quel qu'en soit le montant, lorsque l'engagement résulte d'un chèque, d'un billet à ordre ou d'une lettre de change.

c) en matière non administrative:

- de toute requête tendant à obtenir l'interdiction à toute personne ou autorité, d'accomplir un acte pour lequel elle est légalement incompétente
- des requêtes tendant à obtenir l'accomplissement par toute personne ou autorité, d'un acte qu'elle est tenue d'accomplir en vertu de la loi.

(2) Le Président du Tribunal de Grande Instance ou le magistrat par lui délégué à cet effet est compétent pour connaître:

a) du contentieux de l'exécution des décisions de ce Tribunal de Grande Instance;

b) des requêtes en habeas corpus (libération immédiate) formées par une personne arrêtée ou détenue ou en son nom par toute autre personne, et fondées sur l'illégalité d'une arrestation ou d'une détention ou sur l'inobservation des formalités prescrites par la loi;

c) des recours intentés contre les mesures de garde à vue administrative.

(3) Lorsqu'il statue en matière pénale, le Tribunal de Grande Instance est compétent pour connaître de l'action en réparation du dommage causé par l'infraction, sauf dispositions spéciales contraires

CHAPITRE IV : DE LA COUR D'APPEL

Article 19 : (1) Il est créé une Cour d'Appel par région. Toutefois, suivant les nécessités de service, le ressort d'une Cour d'Appel peut être, par décret du Président de la République, étendu à plusieurs régions.

(2) La Cour d'Appel siège au chef-lieu de la région.

Article 20 : (1) La Cour d'Appel comprend:

a) au siège:

- un Président;

- un ou plusieurs Vice-Présidents;

- un ou plusieurs conseillers;

- un Greffier en chef;

- des greffiers.

b) au Parquet:

- un Procureur Général;

- un ou plusieurs avocats généraux;

- un ou plusieurs substituts du Procureur Général;

- ou plusieurs attachés.

(2) a) Les formations de la Cour d'Appel sont:

- les Chambres;

- l'Assemblée Générale.

b) La Cour d'Appel comprend, selon les nécessités de service:

- une ou plusieurs chambres des référés;

- une ou plusieurs chambres du contentieux de l'exécution ;

- une ou plusieurs chambres civiles et commerciales;

- une ou plusieurs chambres sociales;

- une ou plusieurs chambres de droit traditionnel;

- une ou plusieurs chambres criminelles;

- une ou plusieurs chambres correctionnelles et de simple police

- une ou plusieurs chambres de contrôle de l'instruction.

c) Nonobstant les dispositions du paragraphe (b) ci-dessus, le Président de la Cour peut, par ordonnance, regrouper plusieurs chambres.

d) Les magistrats du siège de la Cour d'Appel sont répartis entre les Chambres par ordonnance du Président.

e) Un même magistrat peut appartenir à plusieurs Chambres.

f) L'Assemblée Générale est composée de l'ensemble des magistrats en poste à la Cour d'Appel ainsi que du Greffier en Chef. Elle a des compétences juridictionnelles et des attributions consultatives.

g) L'Assemblée Générale examine et émet des avis dans les matières où la loi le prévoit ainsi que sur toutes les questions relatives au fonctionnement de la juridiction et qui lui sont soumises par le Président, le Procureur Général ou par un tiers de ses membres.

h) Lorsque l'Assemblée Générale délibère dans des matières où elle exerce des attributions consultatives, les magistrats du Ministère Public participent à la délibération et au vote.

i) Lorsque l'Assemblée Générale siège dans des matières où la Cour exerce des attributions juridictionnelles, elle délibère, après les conclusions ou les réquisitions du Parquet Général, hors la présence des magistrats du Ministère Public.

(3) Lorsque la Cour statue sur les appels interjetés contre les jugements d'un Tribunal militaire ou sur une demande de mise en liberté subséquente à un tel appel, un magistrat militaire nommé à cet effet occupe le banc du Ministère Public. Les activités de ce magistrat militaire se limitent à la représentation du Ministère Public à l'audience.

Article 21 : (1) Toute affaire relevant de la Cour d'Appel est jugée par trois (3) magistrats du siège, membres de ladite cour.

(2) Lorsque la Cour est appelée à connaître d’une décision du tribunal militaire, l'un des trois (3) magistrats visés à l’alinéa (1) ci-dessus est remplacé par un magistrat militaire ou, à défaut, par un officier des forces armées.

(3) L'officier des forces armées ainsi appelé à remplacer le magistrat du siège de la Cour d'Appel doit, avant de siéger,

prêter serment devant ladite Cour. La formule du serment est la suivante:

« Moi………………., je jure devant Dieu et devant les hommes, d'assumer mes fonctions de membre de la formation de jugement de la Cour d'Appel avec honnêteté, de rendre justice à tous avec impartialité, sans crainte, ni faveur, ni rancune et de garder scrupuleusement le secret des délibérations ».

(4) Tous les membres de la formation collégiale ont voix délibérative.

Article 22 : La Cour d'Appel est compétente pour connaître:

a) des appels interjetés à l'encontre des décisions rendues par les juridictions autres que la Cour Suprême et la Cour d'Appel elle-même;

b) des appels formés contre les ordonnances du juge d'instruction ;

c) du contentieux de l'exécution de ses décisions;

d) de tout autre cas prévu par la loi.

Article 23 : (1) Dans la huitaine de la déclaration d'appel ou du dépôt d'un certificat d'appel au greffe, le Président de la Juridiction dont émane la décision attaquée fixe, par ordonnance, une somme à consigner par l'appelant.

(2) Cette somme qui doit, à peine de déchéance de l'appelant, être consignée dans les dix (10) jours de la notification de l'ordonnance, au greffe de la Juridiction qui a rendu la décision attaquée constitue les frais de reproduction du dossier de procédure, y compris le jugement et les pièces subséquentes, en autant d'exemplaires qu'il y a de partie plus cinq (5).

(3) L'ordonnance visée aux alinéas 1 et 2 ci-dessus est susceptible de recours devant le Président de la Cour d'Appel qui statue par ordonnance dans les dix (10) jours de la réception de la requête d'appel. Cette ordonnance n'est pas susceptible de voies de recours.

(4) Si la somme initialement consignée se révèle insuffisante, un complément est fixé et payé dans les mêmes formes et conditions qu'aux alinéas 1 et 2 ci-dessus.

(5) Tout reliquat est remboursé à la partie versante.

(6) Après la reproduction du dossier de procédure, le Greffier en chef de la juridiction dont émane la décision attaquée en transmet cinq (5) exemplaires au Greffier en Chef de la Cour d'Appel saisie du recours, puis notifie le restant aux parties.

(7) En cas de pluralité d'appels, les frais de multiplication du dossier sont supportés à parts égales, par tous les appelants. Toutefois, l'appelant le plus diligent peut payer l'intégralité de la consignation, à charge de remboursement par les autres, de la part qui leur incombe.

(8) En cas de contestation entre les appelants, la répartition est faite par ordonnance du Président de la Cour d'Appel saisi par requête de l'appelant intéressé. Cette ordonnance n'est pas susceptible de recours.

(9) En cas d'appel du ministère public ou lorsque la procédure est gratuite ou que l'appelant a obtenu l'assistance judiciaire, la multiplication obéit aux dispositions de l'article 8 alinéas l, 3 et 4 ci-dessus.

(10) Dès réception des exemplaires du dossier de procédure, le Greffier en Chef de la Cour d'Appel en conserve un, transmet trois (3) au Président pour distribution aux membres de la collégialité et un autre au Parquet Général.

CHAPITRE V : DU JUGE D'INSTRUCTION

Article 24: Le juge d'instruction est un magistrat du siège. Toutefois, il ne peut participer au jugement des affaires dont il a eu à connaître à l'information judiciaire.

Article 25 : (1) L'information judiciaire est obligatoire en matière de crime, sauf dispositions légales contraires. Elle est facultative en matière de délit et de contravention.

(2) A l'information judiciaire:

a) le Juge d'Instruction est assisté d'un greffier;

b) la signature des actes obéit aux dispositions de l'article 9 alinéa (1) ci-dessus;

c) l'inculpé peut se faire assister d'un conseil ;

d) le public n'a accès au cabinet d'information que sur autorisation du Juge d'Instruction,

(3)a) Le Juge d'Instruction compétent peut, d'office et par ordonnance, mettre l'inculpé en liberté.

b) Lorsqu'il est saisi d'une demande de mise en liberté, le juge d'instruction dispose d'un délai de cinq (5) jours pour se prononcer.

c) La demande de mise en liberté est enregistrée le jour de son dépôt et copie comportant la mention de l'enregistrement est remise au déposant.

d) Dans les vingt-quatre (24) heures de l'enregistrement de la demande est transmise, assortie du double du' dossier au Procureur de la République pour ses réquisitions. Dans les quarante-huit (48) heures de sa réception, le Procureur de la République fait retour du dossier au juge d'instruction, assorti de ses réquisitions. Le juge d'instruction rend, dans les quarante-huit heures du retour du dossier ou en cas d'inobservation par le Procureur de la République du délai à lui imparti pour le retour du dossier, soit une ordonnance de mise en liberté, soit une ordonnance de rejet de la demande.

e) Les ordonnances' prévues aux paragraphes (a) et (d) ci-dessus sont notifiées sans délai à l'inculpé.

f) Le silence du juge d'instruction sur une demande de mise en liberté à l'expiration du délai de cinq (5) jours prévus au paragraphe (b) ci-dessus vaut décision de rejet et dans ce cas, l'inculpé peut porter sa demande devant la Chambre de Contrôle de l'Instruction de la Cour d'Appel.

(4) Toute personne inculpée peut, en cas de rejet de sa demande de mise en liberté, relever appel de cette décision. Il est statué sur cet appel dans les dix (10) jours.

(5) Le Juge d'Instruction clôture l'information par une ordonnance, soit de renvoi devant le Tribunal de Première ou de Grande Instance, soit de non-lieu, soit de non-lieu partiel, soit de dessaisissement, selon les cas.

Article 26 : Le Juge d'Instruction décerne tous mandats ou titres de détention et saisit la juridiction compétente par ordonnance de renvoi.

Article 27 : En matière criminelle, le Juge d'Instruction du Tribunal de Grande Instance est compétent pour diligenter l'information judiciaire sur toute l'étendue du ressort dudit tribunal. Toutefois, le Juge d'Instruction du Tribunal de Première Instance résidant dans une localité autre que le siège du Tribunal de Grande Instance est compétent pour instruire les crimes et délits connexes commis dans son ressort territorial.

Article 28: (1) L'appel des ordonnances du Juge d'Instruction est régi par les dispositions du code de procédure pénale.

(2) L'appel est porté devant la Chambre de Contrôle de l'Instruction composée de trois (3) magistrats.

(3) La Chambre de Contrôle de l'Instruction applique les dispositions du code de procédure pénale relatives à l'information judiciaire.

CHAPITRE VI : DU PARQUET OU MINISTERE PUBLIC

Article 29 : (1) Le Ministère Public ou Parquet veille à l'application des lois, règlements et décisions de justice. Il peut, dans l'intérêt de la loi, prendre devant toute juridiction auprès de laquelle il est représenté, les réquisitions qu'il estime utiles.

(2) En matière pénale et sans préjudice des droits de la victime, il recherche et constate les infractions, met en mouvement et exerce l'action publique, décerne tous mandats ou titres de détention prévus par la loi.

(3) La présence du Ministère Public à l'audience est obligatoire en matière pénale et facultative toute autre matière, sauf dispositions contraires de la loi.

(4) Le Trésor public avance et supporte tous les frais de justice à la charge du Ministère Public.

Article 30 : (1) il existe auprès de chaque Cour d'Appel un Parquet Général dirigé par un Procureur Général qui relève directement du Ministre chargé de la Justice.

(2) Il existe auprès de chaque Tribunal de Première ou de Grande Instance un Parquet dirigé par un Procureur de la République directement subordonné au Procureur Général près la Cour d'Appel du ressort.

(3) a) Le Procureur de la République près le Tribunal de Première Instance du siège d'un Tribunal de Grande Instance peut, cumulativement avec ses fonctions être nommés

Procureur de la République près ce Tribunal de Grande Instance.

Les Substituts du Procureur de la République près le Tribunal de Première Instance du siège d'un Tribunal de Grande Instance peuvent, cumulativement avec leurs fonctions, être nommés Substituts du Procureur de la République près ce Tribunal de Grande Instance.

CHAPITRE VII : DES DISPOSITIONS TRANSITOIRES ET FINALES

Article 31 : L'organisation des juridictions de droit traditionnel et la procédure à suivre devant elles sont, à l'exclusion de la compétence pénale des Customary Courts, provisoirement maintenues.

Article 32 : En attendant l'intervention des textes prévus à l'article 4 de la présente loi, les tribunaux de première instance, les tribunaux de grande instance et les cours d'appel appliquent les procédures, usages et pratiques antérieurement en vigueur devant les anciennes juridictions qu'ils remplacent, dans la mesure où ces procédures, usages et pratiques sont compatibles avec la Constitution et la présente loi.

Article 34 : En attendant la mise en place des juridictions inférieures en matière de contentieux administratif et des juridictions inférieures des comptes prévues à l'article 1er de la présente loi ainsi que l'intervention des textes fixant les règles de procédure applicables devant ces juridictions, les règles de saisine et de procédures applicables devant la Cour Suprême statuant en matière administrative et des comptes sont maintenues.

Article 35 : L'année judiciaire ouverte le 1er octobre 2006 suivant le régime antérieur à celui de la présente loi, est prorogée au 31 décembre 2007.

Article 36 : Sont abrogées toutes' dispositions antérieures, contraires, notamment l'ordonnance n° 72/4 du 26 août 1972 portant organisation judiciaire et ses textes modificatifs subséquents.

Article 37 : Toutes références dans la présente loi ou dans d'autres textes en vigueur, à des dispositions abrogées, sont réputées références à celles qui les remplacent.

Article 38 : La présente loi, qui entrera en vigueur le 1er janvier 2007, sera enregistrée, puis publiée au Journal Officiel en français et en anglais.

Annexe 3

Loi n° 2006/016 du 29 décembre 2006 fixant l'organisation et le fonctionnement de la cour suprême du Cameroun, modifiée par la loi n° 2017/014 du 12 juillet 2017 (article 8, 11 et 37 créant une section Common Law)

(Extrait)

L'Assemblée Nationale a délibéré et adopté,

Le Président de la République promulgue la loi dont la teneur suit:

Titre premier : Dispositions générales

Article 1er: La présente loi fixe l'organisation et le fonctionnement de la Cour Suprême.

Article 2 : La Cour Suprême est la plus haute juridiction de l'Etat en matière judiciaire, administrative et des comptes

Article 3 :(1) Le siège de la Cour Suprême est à Yaoundé.

(2) Son ressort s'étend sur l'ensemble du territoire national.

Titre II : De l'organisation

Chapitre 1 : De la composition

Article 4 : La Cour Suprême est composée :

a) au siège

- d'un Premier Président, Président de la Cour Suprême ;

- de Présidents de Chambre ;

- de Conseillers ;

- de Conseillers Maîtres ;

- de Conseillers Référendaires ;

- du Greffier en Chef de la Cour Suprême ;

- de Greffiers en Chef de Chambre ;

- de Greffiers ;

b) au parquet général

- d'un Procureur Général ;

- d'un Premier Avocat Général ;

- d'Avocats Généraux.

Article 5 :(1) Les membres de la Cour Suprême sont des magistrats relevant du statut de la magistrature.

(2) Toutefois, pour les besoins du service, peuvent être nommés Conseillers ou Avocats Généraux en service extraordinaire à la Cour Suprême, en matière administrative ou des comptes :

a) les professeurs de rang magistral en droit ou en économie des Universités ayant exercé comme enseignants pendant au moins 15 années consécutives.

b) les Avocats inscrits au Barreau du Cameroun et ayant exercé leurs fonctions pendant au moins 20 années consécutives ;

c) les fonctionnaires de la catégorie A, et les cadres contractuels d'administration titulaires d'une maîtrise en droit ayant exercé leurs fonctions pendant au moins vingt (20) années consécutives.

Article 6 :(1) En cas d'empêchement, le Premier Président est suppléé par le Président de Chambre le plus ancien dans le grade le plus élevé.

(2) En cas d'empêchement d'un Président de Chambre, il est suppléé par le Président de Section le plus ancien dans le grade le plus élevé.

Article 7 :(1) la Cour Suprême comprend :

- une Chambre Judiciaire ;

- une Chambre Admihistrêltive ;

- une Chambre des Comptes ;

- une formation des Chambres Réunies ;

- une Assemblée Générale ;

- un Bureau ;

- un Secrétariat Général ;

- un Greffe.

(2) Chaque chambre comprend :

- des sections ;

- une formation des sections réunies.

Article 9 :(1) La Chambre Administrative comprend :

- une section du contentieux de la fonction publique ;

- une section du contentieux des affaires foncières et domaniales ;

- une section du contentieux fiscal et financier ;

- une section du contentieux des contrats administratifs ;

- une section du contentieux de l'annulation et des Questions diverses.

(2) Chaque section connaît des appels et des pourvois en cassation relatifs aux matières qui relèvent de sa compétence.

Article 11 :(1) Chaque section est composée :

- d'un Président ;

- de deux Conseillers au moins ;

- d'un ou plusieurs Avocats Généraux.

(2) La formation de jugement des sections est toujours impaire.

Article 12 : Chaque Chambre est composée :

- d'un Président ;

- de Conseillers ;

- d'un ou plusieurs Avocats Généraux ;

- d'un Greffier en Chef ;

- de greffiers.

Article 13 : La formation des Sections Réunies est composée des Présidents de section d'une Chambre.

Article 14 : Le Président de Chambre préside une section de sa chambre

Article 15 :(1) La formation des Chambres Réunies est composée :

- du Premier Président ;

- des Présidents de Chambre :

- des Présidents de section :

(2) Toutefois, compte tenu de la nature de l'affaire, le Premier Président peut, par ordonnance, désigner un ou plusieurs Conseillers pour siéger au sein de la formation des Chambres Réunies.

(3) La formation de jugement des Chambres réunies est toujours impaire.

Article 16 : La formation des chambres réunies est présidée par le Premier Président ou, en cas d'empêchement, par le Président de Chambre le plus ancien dans le grade le plus élevé.

Article 17 : (1) La formation des Chambres Réunies ne peut siéger que si tous les membres qui la composent sont présents.

(2) En cas d'empêchement de l'un de ses membres, il est remplacé par un Conseiller désigné par le Premier Président.

Article 18 :(1) L'Assemblée Générale de la Cour Suprême est formée de tous les membres de ladite Cour. Elle est présidée par le Premier Président.

(2) Le Greffier en Chef de la Cour Suprême assure les fonctions de secrétaire de l'Assemblée Générale.

(3) Le Secrétaire Général de la Cour Suprême assiste : sans voix délibérative, aux réunions de l'Assemblée Générale.

Article 19 : (1) L'Assemblée Générale de la Cour Suprême se réunit sur convocation du Premier Président. Elle se réunit également sur convocation du Premier Président, à la demande du Procureur Général ou d'un tiers de ses membres.

(2) Les décisions sont prises à la majorité des membres présents et la voix du Président l'emporte en cas de partage,

Article 20 :(1) L'Assemblée Générale examine toutes les questions qui lui sont soumises par le Premier Président, le Procureur Général ou par un tiers de ses membres et relatives au fonctionnement de la Cour Suprême.

(2) Lorsque la Cour Suprême est consultée sur un projet de texte, son avis est émis par l'Assemblée Générale.

Article 21 : Le Bureau de la Cour Suprême est composé :

- du Premier Président ;

- des Présidents de Chambre ;

- du Procureur Général ;

- du Premier Avocat Général ;

- du Secrétaire Général.

Article 22 : Un texte particulier fixe l'organisation administrative de la Cour Suprême, notamment :

- le fonctionnement du Bureau ;

- l'organisation et le fonctionnement du Secrétariat Général ;

- l'organisation et le fonctionnement du Greffe de la Cour Suprême.

Article 23:(1) Le Premier Président fixe, par ordonnance, les dates et heures des audiences ordinaires de la Cour Suprême, après avis de l'Assemblée Générale.

(2) En cas de nécessité, il fixe, par la même voie, après avis du Procureur Général, la tenue d'audiences supplémentaires.

Article 24:(1) Le Greffier en Chef de la Cour Suprême et les Greffiers en chef des Chambres sont nommés par décret.

(2) Les autres personnels du Greffe sont nommés conformément à leur statut, au texte portant organisation administrative des juridictions et sur proposition du Bureau de la Cour.

Article 25 : (1) Avant leur entrée en fonction, les Conseillers et les Avocats Généraux en service extraordinaire prêtent, devant la formation des Chambres Réunies siégeant en audience solennelle, le serment des magistrats prévu par le statut de la magistrature.

(2) Pendant l'exercice de leurs fonctions, ils relèvent, sur le plan disciplinaire, des organes prévus à cet effet par le statut de la magistrature.

Article 26 :(1) Les Conseillers à la Cour Suprême sont répartis dans les Chambres par ordonnance du Premier Président, après avis du Bureau.

Toutefois, en cas de nécessité, un Conseiller d'une Chambre peut être désigné pour compléter une autre Chambre.

(2) Les Présidents de section sont désignés parmi les Conseillers, par ordonnance du Premier Président, après avis du Bureau de la Cour.

Article 27 : Les Conseillers sont répartis dans les sections par ordonnance du Président de la Chambre concernée. Toutefois, un Conseiller peut appartenir à une ou plusieurs sections.

Article 28 : Les greffiers en service à la Cour Suprême sont affectés aux Chambres par ordonnance du Premier Président, sur proposition du Greffier en Chef de la Cour et après avis du Bureau.

Chapitre II : Du ministère public

Article 29 : (1) Les fonctions du Ministère Public près la Cour Suprême sont exercées par le Procureur Général et sous son autorité, par les Avocats Généraux.

(2) Le Procureur Général affecte les Avocats Généraux aux Chambres.

Article 30 : (1) En cas d'empêchement du Procureur Général, il est suppléé par le premier Avocat Général.

(2) En cas d'empêchement du premier Avocat Général, il, est suppléé par l'Avocat Général le plus ancien dans le grade le plus élevé

Article 31 : (1) Dans les causes importantes, les conclusions de l'Avocat Général sont communiquées au Procureur Général.

(2) Le Procureur Général peut, s'il l'estime opportun, désigner un autre Avocat Général ou porter lui-même la parole à l'audience.

Titre III. : Du fonctionnement

Chapitre I : Dispositions liminaires

Article 32 : (1) La Cour Suprême assure son service du 1er janvier au 31 décembre de chaque année.

(2) Pendant la période du 1er juillet au 30 septembre, la Cour Suprême se trouve en vacances judiciaires ; elle tient des audiences consacrées essentiellement à l'examen des procédures urgentes.

(3) Sont réputées urgentes notamment, les procédures de référé, de pension alimentaire et les demandes de mise en liberté.

Article 33 : (1) Au début de chaque année judiciaire et au plus tard le 28 février, la Cour Suprême tient, sous la présidence du Premier Président, une audience solennelle de rentrée à laquelle assistent également en robe, les Chefs des Cours d'Appel, des juridictions inférieures en matière de contentieux administratif et des juridictions inférieures des comptes.

(2) Le Président de la République peut, sur sa demande, assister à cette cérémonie et, le cas échéant, y faire une communication.

Article 34 : Chaque année, le Premier Président et le Procureur Général adressent au Président de la République, un rapport conjoint sur le fonctionnement de la juridiction et, le cas échéant, sur les difficultés rencontrées dans l'application des textes. Ils peuvent y faire toutes suggestions utiles,

Chapitre II : De la compétence

Article 35 : (1) Les cas d'ouverture à pourvoi sont :

a) l'incompétence ;

b) la dénaturation des faits de la cause ou des pièces de la procédure ;

c) le défaut, la contradiction ou l'insuffisance de motifs ;

d) le vice de forme ;

- Sous réserve des dispositions de l'article 470 (1) du code de procédure pénale, lorsque la décision attaquée n'a pas été rendue par le nombre de juges prescrit par la loi ou l'a été par des juges qui n'ont pas siégé à toutes les audiences ;

- lorsque la parole n'a pas été donnée au Ministère Public ou que celui-ci n'a pas été représenté ;

- lorsque la règle relative à la publicité de l'audience, sous réserve des exceptions prévues par la loi, n'a pas été observée ;

e) la violation de la loi ;

f) la non-réponse aux conclusions des parties ou aux réquisitions du Ministère Public ;

g) le détournement de pouvoir ;

h) la violation d'un principe général de droit ;

i) le non-respect de la jurisprudence de la Cour Suprême ayant statué en Sections Réunies d'une Chambre ou en Chambres Réunies.

(2) Ces moyens peuvent être soulevés d'office par la Cour

Article 36 : Tout acte juridictionnel des juridictions inférieures devenu définitif et entaché de violation de la loi peut être déféré à la Cour Suprême par le Procureur Général près ladite Cour :

a) dans le seul intérêt de la loi, à l'initiative de ce magistrat ; les parties ne peuvent pas se prévaloir de la cassation intervenue à la suite d'un tel pourvoi ;

b) sur ordre du Ministre de la Justice, la cassation intervenue à la suite d'un tel pourvoi produit effet à l'égard de toutes les parties.

Toutefois, en matière pénale, la cassation ne peut être prononcée que dans l'intérêt de la partie définitivement condamnée.

Article 38 : La Chambre Administrative est compétente pour connaître :

a) des appels formés contre les décisions rendues en matière de contentieux des élections régionales et municipales ;

b) des pourvois formés contre les décisions rendues en dernier ressort par les juridictions inférieures en matière de contentieux administratif ;

c) des exceptions préjudicielles soulevées en matière de voie de fait et d'emprise devant les juridictions inférieures en matière de contentieux administratif

d) de toute autre matière qui lui est expressément attribuée par la loi.

Article 40,- Le Président de la Chambre des Comptes arrête le programme annuel des travaux de ladite Chambre, après avis du Procureur Général.

Il met en place un comité chargé de préparer le rapport visé à l'article 39 (d) ci-dessus.

Article 41 :(1) La formation des chambres Réunies connaît :

- des règlements de juges ;

- de l'action en récusation d'un membre de la Cour Suprême ou d'un Président de Cour d'Appel ;

- des procédures portant sur des questions de principe s'il y a risque de solutions -divergentes, soit entre les juges du fond, soit entre les Chambres ;

- des demandes de renvoi d'une juridiction à l'autre pour cause de suspicion légitime ou de sûreté publique ;

- de toute autre affaire prévue par un texte particulier.

(2) a) La formation des sections réunies connaît des affaires renvoyées devant elle, soit par ordonnance du

Premier Président, soit par arrêt d'une section.

b) Elle connaît en outre du recours en révision des décisions contradictoires rendues dans les quatre cas suivants :

- lorsqu'il y a eu dol personnel ;

- lorsqu'il a été statué sur les pièces reconnues ou déclarées fausses depuis la décision ;

- lorsqu'une partie a succombé, faute de présenter une pièce décisive retenue par son adversaire ;

- lorsque la décision de déchéance est intervenue sans que le demandeur au pourvoi ait été mis en demeure, soit pour se constituer avocat, soit pour introduire une demande d'assistance judiciaire,

c) Le recours en révision doit être formé dans un délai de trente (30) jours à compter du lendemain du jour de la connaissance de la cause ouvrant droit à révision.

d) La procédure devant la formation des sections réunies est celle applicable devant la Chambre concernée.

Chapitre III : De la procédure

Section I : De la procédure devant la chambre judiciaire [...]

Section II : De la procédure devant la chambre administrative

Paragraphe I : De la chambre administrative statuant en appel

Article 72 : Les règles relatives aux appels concernant les décisions des juridictions inférieures en matière de contentieux administratif sont fixées par la présente loi et celle portant organisation et fonctionnement des tribunaux administratifs.

Article 73 : L'appel est, à peine de forclusion et sauf dispositions spéciales contraires, formé dans un délai de quinze

(15) jours à compter du lendemain de la notification de la décision de la juridiction inférieure.

Article 74 :(1) L'appel est fait par déclaration au Greffe de la juridiction inférieure en matière de contentieux administratif dont émane la décision attaquée,

(2) L'appel est fait, soit par le demandeur en personne ou par son avocat, soit par un mandataire muni, à peine d'irrecevabilité, d'un pouvoir spécial.

3) Le greffier qui enregistre l'appel dresse procès-verbal et en délivre une expédition au demandeur.

(4) Il notifie en même temps par écrit à l'appelant qu'il doit à peine de déchéance, dans un délai de quinze (15) jours, déposer son mémoire.

Article 75 : Dans les quinze (15) jours de la déclaration d'appel, le demandeur dépose contre récépissé, son mémoire au Greffe de la Chambre Administrative.

Article 76 :(1) Le mémoire doit contenir les noms, prénoms, profession et domicile de l'appelant, l'exposé des faits qui servent de base à l'appel, les moyens ainsi que l'énumération des pièces y annexées.

(2) Le mémoire et les pièces annexées sont déposés en quatre exemplaires et accompagnés de trois copies de déclaration de recours.

Article 77 :(1) Les mémoires ainsi que tous les documents reçus au Greffe sont enregistrés dès leur arrivée. Le Greffier en Chef de la Chambre y appose un timbre indiquant la date d'arrivée et le numéro d'enregistrement.

(2) Dans les cinq' (5) jours de la réception du mémoire, le Greffier en Chef de la Chambre en transmet un exemplaire au Procureur Général près la Cour Suprême.

(3) Après l'enregistrement du mémoire, le Greffier en Chef de la Chambre transmet le dossier au Président de Chambre.

Article 78 :(1) Si le demandeur' ne s'est pas conformé aux dispositions des articles 73 à 75 ci-dessus, le Président de la Chambre l'invite à régulariser son recours dans un délai de quinze (15) jours, à peine d'irrecevabilité.

(2) Toutefois, le Président peut le dispenser de produire les copies des documents volumineux.

Article 79 : Après régularisation du recours, le Président peut réclamer au demandeur communication de tous documents dont la production paraît utile à la solution du litige.

Article 80 : Le Président de la Chambre ordonne ensuite la communication au défendeur, des copies du secours, du mémoire et des pièces annexées. Cette communication est assurée par le Greffier en Chef de la Chambre dans les trois (3) jours de l'ordonnance du Président de Chambre.

Article 81 :(1) Le mémoire en défense est déposé au Greffe. Ce mémoire ainsi que les pièces annexées sont notifiés immédiatement par le Greffier en Chef de la Chambre au demandeur.

Il est déposé dans les quinze (15) jours de la notification de l'ordonnance prévue à l'article 80.

(2) Le demandeur peut déposer un mémoire en réplique auquel le défendeur peut répondre. Ces mémoires sont notifiés dans les conditions de l'alinéa précédent.

Article 82 :(1) Le délai pour le dépôt des mémoires en réponse ou en réplique est de quinze (15) jours à compter du lendemain du jour de la notification des mémoires en défense ou en réplique.

(2) Le Président peut, par ordonnance, accorder aux parties des délais supplémentaires pour le dépôt de ces divers mémoires.

(3) Toutefois, dans les affaires qui requièrent une célérité particulière, le Président de la Chambre peut, après avis du Procureur Général, réduire ces délais de moitié ou de deux tiers.

Article 83 : Les délais des articles 74, 75, 81 et 82 ci-dessus sont prescrits à peine de déchéance.

Article 84 : (1) Après échange des mémoires ou à l'expiration des délais fixés pour leur dépôt, le Président de Chambre désigne un rapporteur et lui transmet le dossier.

(2) Le rapporteur peut mettre les parties en demeure de fournir, dans le délai de quinze (15) jours, toutes explications écrites ou tous documents dont la' production lui paraît nécessaire à la solution du litige. Ces explications et documents sont notifiés par le Greffier en Chef de la Chambre aux autres parties en cause. Qui ont un délai de quinze (15) jours pour les discuter.

Article 85 : Dans les trente (30) jours de la remise du dossier ou, le cas échéant, du dépôt des explications supplémentaires, le rapporteur rétablit le dossier au Greffe avec son rapport.

Article 86 : (1) Le Greffier en Chef de la Chambre transmet le dossier au Procureur Général avec un exemplaire du rapport et une copie de chaque mémoire et document déposés

(2) Dans les trente (30) jours de la transmission, le Procureur Général rétablit le dossier au Greffe avec ses conclusions et ses propositions pour l'inscription de l'affaire au rôle.

Article 87 : La procédure suivie à l'audience est celle applicable devant la juridiction inférieure en matière de contentieux administratif.

Article 88 : (1) La décision doit intervenir dans les quinze (15) jours de la mise au rôle.

(2) Elle n'est susceptible d'aucun recours.

Paragraphe II : De la chambre administrative statuant en cassation

Article 89 : Sauf dispositions spéciales contraires, le pourvoi doit, à peine de forclusion, être formé dans un délai de quinze (15) jours à compter du lendemain de la notification de la décision de la juridiction inférieure en matière de contentieux administratif.

Article 90:(1) Le pourvoi est fait par déclaration au Greffe de la juridiction inférieure en matière de contentieux administratif dont émane la décision attaquée

(2) Le pourvoi est fait, soit par le demandeur en personne ou par son avocat, soit par un mandataire muni, à peine d'irrecevabilité, d'un Pouvoir Spécial.

(3) Le greffier qui enregistre le pourvoi dresse procès-verbal et en délivre une expédition au demandeur.

(4) Il notifie en même temps par écrit au demandeur, autre que les personnes morales de droit public qu'il doit, à peine de déchéance, dans le délai de trente (30) jours, soit communiquer le nom de l'avocat qu'il s'est constitué au Greffier en chef de la Chambre Administrative, soit adresser à celui-ci une demande d'assistance judiciaire à laquelle doit être annexé un certificat d'indigence,

Article 91:(1) Dans les trente (30) jours de la réception de l'acte de pourvoi, le demandeur dépose, contre récépissé, un mémoire du Greffe de la Chambre Administrative,

(2) Ce délai court, pour l'avocat constitué après rejet de la demande d'assistance judiciaire, à compter du lendemain du jour de la notification à son client, de la décision de rejet et, pour l'avocat désigné d'office, à compter du lendemain du jour de la notification qui lui est faite de sa désignation,

Article 92: (1) Le mémoire dûment timbré par feuillet, doit contenir les noms, prénoms, profession et domicile du demandeur, l'exposé des faits qui servent de base au pourvoi, les moyens ainsi que l'énumération des pièces y annexées.

(2) Le mémoire et les pièces annexées sont déposés en quatre exemplaires et accompagnés de trois copies de la déclaration de recours,

Article 93:(1) Si le demandeur n'a pas bénéficié de l'assistance judiciaire, le dépôt de tout mémoire est accompagné d'une consignation de 15 000 francs pour garantir le paiement des frais, enregistrement compris.

(2) En cas d'épuisement de la provision, le Président de la section, averti par le Greffier en Chef de la Chambre, fixe le complément à consigner.

(3) Les personnes morales, de droit public sont dispensées de la consignation.

Article 94:(1) Les mémoires ainsi que tous les documents reçus au Greffe sont enregistrés dès leur arrivée. Le Greffier en Chef de la Chambre y appose un timbre indiquant la date de leur arrivée, et le numéro de leur enregistrement.

(2) Dans les cinq (5) jours de la réception du mémoire, le Greffier en Chef de la Chambre en transmet un exemplaire au Procureur Général.

(3) Après l'enregistrement du mémoire, le Greffier en Chef de la Chambre transmet le dossier au Président de la section.

Article 95:(1) Si le demandeur ne s'est pas conformé aux dispositions des articles 90 à 94 ci-dessus ou à celles résultant de la législation sur l'enregistrement et le timbre, le Président de section l'invite à régulariser son recours dans un délai de quinze (15) jours, à peine d'irrecevabilité.

(2) Toutefois, le Président peut le dispenser de produire les copies des documents volumineux.

Article 96: Après régularisation du recours, le Président de section peut réclamer au demandeur communication de tous documents dont la production paraît utile à la solution du litige.

Article 97: Lorsque le dossier est en état, le Président de section ordonne la communication au défendeur des copies du recours, du mémoire et des pièces annexées. Cette communication est assurée par le Greffier en Chef de la Chambre dans les trois jours de l'ordonnance du Président de section.

Article 98 :(1) Le mémoire en défense est déposé au Greffe. Ce mémoire ainsi que les pièces annexées sont notifiés sans délai par le Greffier en Chef de la Chambre.

(2) Lorsqu'il y a plusieurs défendeurs en cause et qu'ils n'ont pas tous présenté de défense, le Greffier en Chef met les défaillants en demeure d'avoir à s'exécuter dans un délai de trente *(30)* jours pour ceux qui habitent le Cameroun et de soixante (60) jours dans les autres cas, en les informant que, faute de le faire, la décision à intervenir sera réputée contradictoire.

(3) Le demandeur peut déposer un mémoire en réplique auquel le défendeur peut répondre. Ces mémoires sont notifiés dans les conditions de l'alinéa précédent.

Article 99:(1) Le délai accordé au défendeur pour déposer son mémoire est de trente (30) jours à compter du lendemain du jour de la communication visée à l'article 80.

(2) Le délai pour le dépôt des mémoires en réponse ou en réplique est de quinze (15) jours à compter du lendemain du jour de la notification des mémoires en défense ou en réplique.

(3) Le Président de section peut par ordonnance, accorder aux parties des délais supplémentaires pour le dépôt de ces divers mémoires. Toutefois, dans les affaires qui requièrent une

célérité particulière, le Président de la section peut décider, après avis du Procureur Général, que ces délais seront réduits de moitié ou des deux tiers.

Article 100 : Les délais ci-dessus sont prescrits à peine de déchéance, sans préjudice, le cas échéant, de l'action disciplinaire et en responsabilité pour faute professionnelle contre l'avocat constitué ou désigné.

Article 101:(1) Après échange de mémoires ou à l'expiration des délais fixés pour leur dépôt, le Président de section désigne un rapporteur et lui transmet le dossier.

(2) Le rapporteur peut mettre les parties en demeure de fournir dans un délai de quinze (15) jours toutes explications écrites ou tous documents dont la production lui paraît nécessaire pour la solution du litige. Ces explications et documents sont notifiés par le Greffier en Chef aux autres parties en cause, qui ont un délai de quinze (15) jours pour les discuter. '

Article 102 : Dans les trente (30) jours de la remise du dossier ou, le cas échéant, du dépôt des explications supplémentaires, le rapporteur rétablit le dossier au Greffe avec son rapport.

Article 103 :(1) Le Greffier en Chef de la Chambre transmet le dossier au Procureur Général avec un exemplaire du rapport et une copie de chaque mémoire et document déposés

(2) Dans les trente (30) jours de la transmission, le Procureur Général rétablit le dossier au Greffe avec ses conclusions et ses propositions, pour l'inscription de l'affaire au rôle.

Paragraphe III : Du jugement

Article 104 :(1) Les parties ou leurs représentants reçoivent du Greffier en Chef de la Chambre une convocation qui précise la date et l'heure de l'audience à laquelle chaque affaire est appelée.

(2) En cause d'appel, les règles applicables à l'audience et au prononcé, de l'arrêt sont celles applicables devant les juridictions inférieures en matière de contentieux administratif.

(3) En cas de pourvoi en cassation, les règles applicables à l'audience et lors du prononcé de l'arrêt sont celles applicables devant la Chambre Judiciaire.

(4) En cas de cassation, la Chambre Administrative dispose d'un pouvoir d'évocation lorsque l'affaire est en état d'être jugée au fond.

Article 105 : (1) Les arrêts de la Chambre Administrative débutent par « AU NOM DU PEUPLE CAMEROUNAIS », la Chambre Administrative de la Cour Suprême et leur dispositif ; divisés en articles, est précédé du mot « DECIDE ».

(2) Ils indiquent la composition de la Chambre Administrative, les noms des parties, la date et, le cas échéant, la décision qui a accordé l'assistance judiciaire.

(3) Ils ne comportent pas de qualités, mais doivent contenir l'exposé des faits, l'énumération des demandes et l'analyse des moyens produits.

(4) Ils mentionnent en outre que le rapporteur a donné lecture de son rapport, que les parties ont été entendues en leurs observations et le Procureur Général en ses conclusions.

(5) Ils précisent qu'ils ont été rendus en audience publique après délibéré, à la majorité des voix, conformément à la loi.

(6) Ils sont motivés et indiquent les dispositions législatives, réglementaires, les principes généraux de droit ou les dispositions jurisprudentielles dont il est fait application.

(7) Ils sont datés et signés par les membres de la formation de jugement et le greffier.

(8) Ils sont déposés par le Greffier en Chef de la chambre dans les services publics compétents aux fins d'enregistrement et publiés par les soins du Procureur Général.

Article 106 : Les arrêts de la Chambre Administrative sont notifiés par le Greffier en Chef de la Chambre aux parties dans les huit (8) jours de leur enregistrement.

Article 107 : Les décisions de la Chambre Administrative statuant en sections réunies s'imposent aux juridictions inférieures en matière de contentieux administratif, sur tous les points de droit tranchés.

Paragraphe IV : Du pourvoi contre les ordonnances de référé administratif

Article 108:(1) En cas de pourvoi contre les ordonnances de référé administratif, la procédure à suivre est celle prévue aux articles 89 à 103 de la présente loi. Toutefois, les délais prévus auxdits articles à l'exception de l'article 94, sont réduits à cinq (5) jours

(2) Il est statué par arrêt de la Cour.

Article 109: Notification de la requête de pourvoi est immédiatement faite au défendeur éventuel, avec fixation d'un délai de réponse n'excédant pas cinq (5) jours.

Article 110 :(1) L'arrêt de référé est immédiatement exécutoire il est notifié dans les vingt-quatre (24) heures aux parties en cause.

(2) En aucun cas, il ne peut suspendre l'exécution de l'acte attaqué

Paragraphe V : Du pourvoi contre les ordonnances de sursis à exécution

Article 111: (1) Le pourvoi contre une ordonnance de sursis à exécution d'un acte administratif suspend de plein droit l'exécution de ladite ordonnance.

(2) L'arrêt de rejet du pourvoi formé contre une ordonnance ayant prononcé un sursis à exécution devient caduc si quinze (15) jours après le rejet du recours gracieux, le tribunal n'est toujours pas saisi de la requête introductive du recours contentieux

Article 112 : (1) L'arrêt rendu sur pourvoi contre une ordonnance en matière de sursis à exécution est, dans les vingt-quatre (24) heures, notifié aux parties en cause.

(2) L'effet de l'acte attaqué est suspendu à compter du jour de cette notification.

Section III: De la procédure devant la chambre des comptes [...]

Section IV: De la procédure devant les chambres réunies

Article 131: La formation des Chambres Réunies est saisie, soit par ordonnance du Premier Président, soit par arrêt d'une Section ou des Sections Réunies d'une Chambre, soit sur réquisitions du Procureur Général.

Article 132: Dès réception du dossier, le Greffier en Chef de la Cour Suprême procède à l'enregistrement de l'affaire et le transmet au Premier Président.

Article 133 : Le Premier Président désigne un rapporteur parmi les membres de la formation des Chambres Réunies.

Article 134: Dans les trente (30) jours suivant réception du dossier, le rapporteur rétablit le dossier au Greffe assorti de son rapport.

Article 135: Le Premier Président communique, sous pli confidentiel au Procureur Général, copie du rapport accompagné du dossier de procédure.

Article 136: Dans un délai de trente *(30)* jours, le Procureur Général rétablit le dossier au Greffe, assorti de ses conclusions en même temps qu'il formule ses propositions sur l'inscription de l'affaire au rôle.

Article 137:(1) En cas de cassation, la Cour Suprême annule la décision frappée de pourvoi, évoque et statue si l'affaire est en état d'être jugée au fond.

(2) Une affaire est reconnue en état au sens du présent article si la Cour est en mesure de statuer au fond, sur le vu des seules pièces visées dans la décision dont pourvoi,

Article 138: Les décisions de la Cour Suprême statuant en Chambres Réunies s'imposent aux juridictions inférieures sur tous les points de droit tranchés,

Titre IV: Dispositions transitoires

Article 139:(1) Lorsque la Cour Suprême statue en application des dispositions de l'article 67 alinéa 4' de la Constitution, elle siège en Chambres Réunies.

(2) Les autorités investies du pouvoir de saisir le Conseil Constitutionnel conformément aux dispositions de la Constitution, adressent leurs requêtes au Premier Président de la Cour Suprême.

(3) La formation des Chambres Réunies de la Cour Suprême statue dans les délais prévus à l'article 49 de la Constitution et applique la procédure prévue par la loi n°2004/004 du 21 avril

2004 portant Organisation et Fonctionnement du Conseil Constitutionnel.

(4) Lorsque la Cour Suprême est saisie en vertu des dispositions de l'article 47 de la Constitution, elle siège en Chambre du Conseil

(5) En matière de contentieux électoral prévu à l'article 48 alinéa 2 de la Constitution, elle siège en audience publique.

Article 140: En attendant la mise en place des juridictions inférieures des comptes et de juridictions inférieures en matière de contentieux administratif, les procédures antérieurement observées en ces matières restent en vigueur.

Article 141 : (1) Dès la mise en place des juridictions inférieures en matière de contentieux administratif, les affaires pendantes devant la Chambre Administrative et relevant de la compétence de ces dernières leur sont transférées.

(2) Les affaires pendantes devant l'ancienne Assemblée Plénière de la Cour Suprême sur appel des jugements de la Chambre Administrative sont transférées devant la section compétente de la Chambre Administrative telle qu'organisée à l'article 9 de la présente loi.

Article 142: Dès la mise en place des juridictions inférieures des comptes, les affaires concernant le contrôle et le jugement des comptes leur sont transférées,

Annexe 4

Loi n° 2006/022 du 29 décembre 2006 fixant l'organisation et le fonctionnement des Tribunaux administratifs

(Extrait)

L'Assemblée Nationale a délibéré et adopté, le Président de la République promulgue la loi dont la teneur suit :

Titre 1: Dispositions générales

Article 1er- La présente loi fixe l'organisation et le fonctionnement des Tribunaux Administratifs.

Article 2. (1) Les Tribunaux Administratifs sont des juridictions inférieures en matière de contentieux administratif au sens de l'article 40 de la Constitution.

(2) Les Tribunaux Administratifs connaissent en premier ressort, du contentieux des élections régionales et municipales et en dernier ressort, de l'ensemble du contentieux administratif concernant l'Etat, les collectivités publiques territoriales décentralisées et les établissements publics administratifs, sous réserve des dispositions de l'article 14 (2) de la présente loi.

(3) Le contentieux administratif comprend :

a) les recours en annulation pour excès de pouvoir et, en matière non répressive, les recours incidents en appréciation de légalité. Est constitutif d'excès de pouvoir au sens du présent article :

- le vice de forme ;

- l'incompétence ;

- la violation d'une disposition légale ou réglementaire ;

- le détournement de pouvoir.

b) les actions en indemnisation du préjudice causé par un acte administratif ;

c) les litiges concernant les contrats (â l'exception de ceux conclus même implicitement sous l'empire du droit privé) ou les concessions de services publics ;

d) les litiges intéressant le domaine public ;

e) les litiges intéressant les opérations du maintien de l'ordre.

Article 3. (1). Les tribunaux de droit commun connaissent, conformément au droit privé, de toute autre action ou litige, même s'il met en cause les personnes morales énumérées à l'article 2, la responsabilité desdites personnes morales étant à l'égard des tiers, substituée de plein droit à celle .de leurs agents auteurs des dommages causés dans l'exercice même de leurs fonctions.

(2)Ils connaissent, en outre, des emprises et des voies de fait administratives et ordonnent toute mesure pour qu'il y soit mis fin.

Toutefois, il est statué par la Chambre Administrative de la Cour Suprême sur l'exception préjudicielle soulevée en matière de voie de fait administrative et d'emprise.

Article 4. Aucune juridiction ne peut connaître des actes de Gouvernement.

Titre 2: De l'organisation des tribunaux administratifs

Chapitre 1: Du siège et du ressort

Article 5. (1) il est créé un tribunal administratif par région. Son siège est fixé au chef-lieu de ladite région.

(2) Toutefois, suivant les nécessités de service, le ressort d'un tribunal administratif peut être, par décret du Président de la République, étendu à plusieurs régions.

Chapitre 2 : De la composition

Article 6. Le tribunal administratif est composé :

a) au siège:

-d'un président ;

-de juges ;

-d'un greffier en chef ;

- de greffiers;

b) au parquet:

-du Procureur Général près la Cour d'Appel du ressort du Tribunal administratif ;

- d'un ou plusieurs substituts du Procureur Général.

Article 7. Le parquet près le tribunal administratif est le parquet général près la Cour d'Appel du ressort du tribunal administratif.

Article 8. (1) Les membres du tribunal administratif et ceux du parquet sont des magistrats relevant du statut de la magistrature.

(2) Toutefois, pour les besoins du service, peuvent être nommés juges ou substituts en service extraordinaire au tribunal administratif pour une période de cinq (5) ans ;

a) les professeurs de droit des Universités ayant exercé comme enseignant pendant au moins dix (10) années consécutives ;

b) les chargés de cours en droit des Universités ayant exercé comme enseignant pendant au moins quinze (15) années consécutives ;

c) les fonctionnaires de la catégorie A et les cadres contractuels d'administration titulaires d'une maîtrise en droit ayant exercé leurs fonctions pendant au moins quinze (15) années consécutives.

Article 9. Le Président et les juges du tribunal administratif sont nommés conformément au texte portant statut de la magistrature.

Article 10. Les Magistrats du Ministère Public auprès du Tribunal Administratif sont nommés conformément au texte portant statut de la magistrature.

Article 11.Le Greffier en Chef et les greffiers du tribunal administratif sont nommés conformément au texte portant statut des personnels des greffes et à celui portant organisation administrative des juridictions.

Article 12. (1) Avant leur entrée en fonction, les juges et les substituts en service extraordinaire prêtent, devant la Cour d'Appel siégeant en audience solennelle, le serment prévu par le statut de la magistrature.

(2) Pendant l'exercice de leurs fonctions, ils relèvent, sur le plan disciplinaire, des organes prévus à cet effet par le statut de la magistrature.

Article 13. (1) Le Tribunal administratif siège en formation collégiale de trois membres. Les décisions sont rendues à la majorité des voix.

(2) En cas d'absence ou d'empêchement du Président, il est suppléé conformément au texte portant statut de la magistrature.

Chapitre 3: De la compétence

Article 14. (1) Les tribunaux administratifs sont, sauf dispositions contraires de la loi, juges de droit commun du contentieux administratif en premier ressort.

(2) Nonobstant les dispositions de l'alinéa (1) ci-dessus, les tribunaux administratifs doivent, lorsqu'ils se trouvent devant une difficulté d'interprétation ou d'appréciation de la légalité d'un acte législatif ou réglementaire, surseoir à statuer et renvoyer la question devant la Chambre Administrative de la Cour Suprême.

(3) La Chambre Administrative rend, dans les trois mois de sa saisine, un avis sur la difficulté à elle déférée.

Article 15. (1) Le tribunal administratif territorialement compétent est celui : dans le ressort duquel a légalement son siège l'autorité qui a pris la décision attaquée ;

- de la résidence du demandeur ;

- de la situation des biens ;

- du lieu d'exécution du contrat ;

- du fait dommageable si ce fait est imputable à une décision.

(2) Le tribunal administratif du siège de l'autorité ayant pris la décision attaquée ; est également compétent pour connaître de l'action en indemnité imputable à la décision querellée, ainsi que des recours en interprétation et appréciation de la légalité de l'acte litigieux intervenant sur renvoi de l'autorité judiciaire.

Article 16. Le tribunal administratif territorialement compétent pour connaître d'une demande principale l'est également pour toute demande accessoire, incidente ou reconventionnelle relevant de la compétence des tribunaux administratifs.

Titre 3: De la procédure devant les tribunaux administratifs

Chapitre 1: Des dispositions générales

Section 1: Des conditions de saisine

Article 17. (1) Le recours devant le tribunal administratif n'est recevable qu'après rejet d'un recours gracieux adressé l'autorité auteur de l'acte attaqué ou à celle statutairement habilitée à représenter la collectivité publique ou l'établissement public en cause.

(2) Constitue un rejet du recours gracieux, le silence gardé par l'autorité pendant un délai de trois mois sur une demande ou réclamation qui lui est adressée Ce délai court à compter de la notification du recours gracieux.

(3) Le recours gracieux doit, sous peine de forclusion, être formé :

a) dans les trois mois de publication ou de notification de la décision attaquée

b) en cas de demande -d'indemnisation, dans les six mois suivant la réalisation du dommage ou sa connaissance

c) en cas d'abstention d'une autorité ayant compétence liée, dans les quatre ans à partir de la date à laquelle ladite autorité était défaillante.

Article 18. (1) Sous peine de forclusion, les recours contre les décisions administratives, doivent être introduits dans un délai de soixante (60) jours à compter de la décision de rejet du recours gracieux visé à l'article 17 ci-dessus.

(2) Ce délai court du lendemain du jour de la notification à personne ou à domicile élu.

Article 19. (1) Les délais ci-dessus sont prorogés si le requérant a, dans l'intervalle :

a) déposé une demande d'assistance judiciaire

b) saisi une juridiction, incompétente.

(2) Dans ce cas, le recours contentieux est valablement introduit dans les soixante (60) jours qui suivent la notification de la décision statuant sur la demande d'assistance judiciaire ou sur la compétence.

Section 2. De la représentation des parties [...]

Section. III: Des notifications

Article 25. Les notifications sont assurées par le greffier en chef, soit dans la forme administrative, soit par lettre recommandée avec accusé de réception, soit par exploit d'huissier, soit par tout autre moyen laissant trace écrite.

Article 26. (1) La remise des notifications est constatée par :

- récépissé daté et signé de la personne qui reçoit les documents ;

- accusé de réception de la poste ;

-procès-verbal dressé par l'agent chargé de faire la notification, en cas de refus de recevoir les documents, de les signer ou en cas d'impossibilité de le faire.

(2) Les récépissés, les accusés de réception ou les procès-verbaux sont joints au dossier.

Section 4: Du référé administratif

Article 27. (1) Dans les cas d'urgence, le président du tribunal ou le magistrat qu'il délègue peut, sur requête et si le demandeur justifie de l'introduction d'un recours gracieux, les parties convoquées et après conclusions du ministère public, ordonner, en référé, toutes les mesures utiles, sans faire préjudice au principal.

(2) La notification de la requête est irrémédiablement faite au défendeur avec fixation et immédiatement d'un délai de réponse ne pouvant excéder cinq (5) jours.

Article 28. II est statué sur la requête par ordonnance de référé. L'ordonnance est, dans les vingt-quatre

(24) heures, notifiée aux parties en cause.

Article 29. L'ordonnance de référé est susceptible d'appel devant la Chambre Administrative de la Cour Suprême. Toutefois, elle est exécutoire par provision.

Section 5: Du sursis à exécution

Article 30. (1) Le recours gracieux contre un acte administratif n'en suspend pas l'exécution.

(2) Toutefois, lorsque l'exécution est de nature à causer un préjudice irréparable et que la décision attaquée n'intéresse ni l'ordre public, ni la sécurité ou la tranquillité publique, le président du tribunal administratif peut, saisi d'une requête, après communication à la partie adverse et conclusion du ministère public, ordonner le sursis à exécution.

(3) Il est statué sur la demande de sursis à exécution par ordonnance.

4) L'ordonnance prononçant le sursis à exécution devient caduque si, à l'expiration du délai prévu à l'article 18 ci-dessus, le tribunal n'est pas saisi de la requête introductive d'instance.

Article 31. (1) L'ordonnance de sursis à exécution est, dans les vingt-quatre (24) heures, notifiée aux parties en cause.

(2) L'effet de l'acte attaqué est suspendu à compter du jour de cette notification.

Chapitre 2: De l'introduction de l'instance

Article 32. (1) La requête introductive d'instance devant le tribunal administratif est déposée au greffe compétent et adressée par voie postale audit greffe. Elle est enregistrée et datée à l'arrivée.

(2) Le greffier délivre au demandeur un certificat constatant le dépôt de sa requête.

Article 33. Toute requête collective est irrecevable, sauf lorsqu'il s'agit d'un recours dirigé contre un acte indivisible.

Article 34. (1) Sauf dispense résultant d'une disposition législative expresse, la requête introductive d'instance donne lieu à la consignation d'une provision de vingt mille (20.000) F.

(2) Cette consignation est versée au moment du dépôt de la requête introductive d'instance.

(3) Une consignation supplémentaire peut être ordonnée par le Président de la juridiction en cas de nécessité.

Article 35. (1) La requête introductive d'instance doit contenir les noms, prénoms, profession et domicile du demandeur, la désignation du défendeur, l'exposé des faits qui servent de base à la demande, les moyens et l'énumération des pièces produites à l'appui de la demande.

(2) Elle est rédigée sur papier timbré, et signée par le requérant ou son mandataire. Le requérant illettré qui n'a pas de mandataire et ne peut signer y appose son empreinte digitale.

Article 36. (1) A la requête doivent être jointes des copies sur papier libre, certifiées conformes par le requérant ou son mandataire, tant de la requête elle- même que des pièces annexées.

(2) Les copies sont déposées en nombre égal à celui des défendeurs plus deux.

(3) Le Président du tribunal peut toutefois dispenser le requérant de produire les copies des documents volumineux.

Article 37. (1) Dès l'enregistrement de la requête, le Président désigne un rapporteur qui, sous son autorité, dirige l'instruction de l'affaire.

(2) Si le requérant ne s'est pas conformé aux prescriptions des articles 34 (3), *35* (2) et 36 ci-dessus ou celles résultant de la législation sur l'enregistrement et le timbre, le rapporteur l'invite à régulariser sa demande ou à solliciter l'assistance judiciaire dans les quinze (15) jours à compter de cet avertissement et cela sous peine d'irrecevabilité de sa demande.

(3) Le rapporteur peut en outre lui demander de produire tout autre document jugé utile à la solution du litige.

Article 38. (1) En cas de recevabilité de la requête, le rapporteur en ordonne la communication au défendeur qui a trente (30) jours pour déposer son mémoire en défense.

(2) Il fixe dans l'ordonnance de soit-communiqué le délai accordé au défendeur pour produire son mémoire en défense. Ce délai court du lendemain de la notification de l'ordonnance de soit communiqué au défendeur. Il est prorogé en cas de demande d'assistance judiciaire.

(3) Lorsqu'il y a plusieurs défendeurs en cause et qu'ils n'ont pas tous présenté de défense, le rapporteur met les défaillants en demeure d'avoir à s'exécuter dans un délai supplémentaire de

trente (30) jours dans les autres cas, en les informant que, faute de le faire, la décision à intervenir sera réputée contradictoire.

Article 39. Le mémoire en défense est rédigé sur papier timbré et déposé au greffe. Il est notifié par le greffier au demandeur. Les dispositions des articles 32, *35,* 36 et 37 ci-dessus concernant la requête introductive d'instance lui sont applicables.

Article 40. (1) Dans les quinze (15) jours de la notification du mémoire en défense, le demandeur dépose un mémoire en réplique auquel le défendeur peut répondre dans le même délai.

(2 Le rapporteur peut, sur demande justifiée, accorder aux parties un délai supplémentaire pour le dépôt de leurs mémoires.

Article 41. Dans les affaires qui requièrent célérité, le Président peut décider, après avis du Ministère Public, que les délais prévus aux articles 17, 18 et 19 seront réduits de moitié ou de deux tiers.

Article 42. Le rapporteur peut, par simple lettre notifiée aux parties, les mettre en demeure de fournir dans un délai de quinze (15) jours à compter du lendemain de la notification, toutes explications écrites ou tous documents dont la production lui paraît nécessaire pour la solution du litige. Ces documents sont notifiés aux autres parties, qui ont le même délai pour les discuter.

Article 43. Sauf dispositions contraires, les délais ci-dessus sont prescrits sous peine de déchéance, sans préjudice, le cas échéant, de l'action disciplinaire en responsabilité pour faute professionnelle contre l'avocat constitué ou désigné.

Article 44. À l'expiration des délais prescrits, le rapporteur clôture l'instruction et rétablit le dossier au greffe, sans y joindre son rapport.

Une fois le rapport établi, le greffier le transmet, avec le dossier au Procureur Général qui le rétablit dans les trente (30) jours au greffe avec ses conclusions.

Article 45. Le rapporteur transmet son rapport sous pli confidentiel au Président du tribunal qui en communique copie au Procureur Général, également sous pli confidentiel.

Article 46. (1) Le dossier rétabli au greffe est transmis sans délai au Procureur Général.

(2) Le Procureur Général propose une solution dans ses conclusions et les communique sous pli confidentiel au Président, dans un délai de trente (30) jours. Dans le même délai, il rétablit le dossier au greffe.

Article 47. Le dossier rétabli au greffe est soumis au Président pour fixation de la date d'audience. Cette date est notifiée au Procureur Général et aux membres du tribunal par le greffier en chef qui assure la confection et l'affichage du rôle.

Chapitre 3: des audiences et des jugements

Article 48. (1) Le tribunal administratif tient ses audiences à la date fixée par arrêté du ministre de la Justice, sur proposition des Présidents des tribunaux.

(2) Les audiences sont publiques. Toutefois, le tribunal peut ordonner le huis clos s'il estime cette publicité dangereuse pour l'ordre public ou les bonnes mœurs, dans ce cas mention en est faite dans le jugement.

(3) Dans tous les cas, les jugements sont rendus en audience publique.

Article 49. (1) Les parties et leurs conseils sont tenus de s'exprimer avec modération et de garder en tout le respect dû à la justice.

(2) Les personnes qui assistent aux audiences doivent, sauf dispositions contraires de la loi, se tenir découvertes dans le respect et le silence.

(3) Tout ce que le président ordonne pour le maintien de l'ordre est exécuté à l'instant.

(4) Si un ou plusieurs individus donnent des signes d'approbation ou de désapprobation, provoquent le tumulte de quelque manière que ce soit, et si, après avertissement du président, ils ne rentrent pas dans l'ordre sur-le-champ, il leur est enjoint de se retirer ; les récalcitrants sont, sur ordre du président, saisis et déposés dans la maison d'arrêt pour vingt-quatre (24) heures.

(5) S'il se commet une infraction pénale l'audience, le président procède aux constatations utiles qu'il fait consigner au plumitif dont une expédition est transmise au Procureur de la République. Ce dernier peut faire procéder à l'arrestation de l'auteur de l'infraction.

Article 50. Dix jours au moins avant la date de l'audience, chaque partie reçoit une convocation d'avoir à s'y présenter. Cette convocation lui est notifiée par le greffier, conformément aux dispositions de la présente loi, relatives aux notifications.

Article 51. (1) Le tribunal administratif doit statuer immédiatement par décision avant-dire-droit distincte, sur les exceptions d'incompétence fondées sur l'article 2 ci-dessus, sans pouvoir en aucun cas joindre l'incident au fond.

(2) Il peut d'office, relever une incompétence dans les mêmes formes.

(3) Les décisions rendues en application des alinéas 1 et 3 du présent article peuvent, dans un délai de dix (10) jours à compter de leur notification faire l'objet de la part de toutes les parties, y compris le Ministère Public, d'un pourvoi devant la Chambre Administrative de la Cour Suprême.

(4) Ce pourvoi est valablement formé par déclaration au greffe de la juridiction dont émane la décision entreprise.

(5) Toute partie au litige qui demande l'annulation d'une ou plusieurs pièces produites aux débats doit prouver que le vice dont la pièce est entachée lui a causé un préjudice. La demande d'annulation doit être présentée dès la connaissance de la pièce et avant toute autre défense au fond.

(6) Il est statué sur la demande visée à l'alinéa (5) ci-dessus par jugement avant-dire-droit.

[…]

Chapitre 4. Des mesures d'instruction

Section 1. Des enquêtes

Article 65. (1) Les enquêtes sont ordonnées soit d'office, soit à la demande des parties.

(2) La décision qui ordonne une enquête indique les faits sur lesquels elle doit porter en précisant si elle aura lieu devant un juge désigné ou encore sur commission rogatoire, en audience publique ou en chambre du conseil. Dans ces deux derniers cas, la décision fixe la date de l'audience.

(3) La preuve contraire est de droit. La contre-enquête est soumise aux mêmes règles que l'enquête.

Article 66. (1) La décision qui ordonne l'enquête est notifiée aux parties. Celles-ci ont un délai de cinq jours pour adresser au greffier la liste des témoins qu'elles désirent faire entendre.

(2) Toutefois, si les parties sont présentes lors du prononcé de la décision, la notification devient sans objet et le Président les invite à faire connaître leurs témoins au greffier dans les cinq jours à compter du lendemain du jour du prononcé de cette

décision. Il est fait mention de cet avertissement au plumitif d'audience.

Article 67. (1) Les témoins sont appelés à comparaître par convocation que le greffier leur adresse par voie administrative ou par exploit d'huissier.

(2) Ces convocations doivent leur être remises trois jours au moins avant la date de l'enquête s'ils demeurent au lieu où celle-ci doit être diligentée. Ce délai est augmenté d'un délai de distance égal à un jour par cinquante kilomètres, sans pouvoir dépasser quinze jours.

(3) Les convocations précisent que les témoins qui ne se présentent pas et ne fournissent pas une excuse valable peuvent être condamnés une amende civile de cinq mille (5.000) francs.

(4) Une indemnité peut être allouée au témoin qui le demande ; son taux est fixé par un acte réglementaire.

Article 68. (1) Le témoin défaillant peut être déchargé de l'amende s'il justifie qu'il a été empêché de se présenter au jour indiqué pour des raisons indépendantes de sa volonté.

(2) Si le témoin justifie qu'il est dans l'impossibilité de se présenter au jour indiqué, la juridiction ou le magistrat chargé de l'enquête lui accorde un délai suffisant ou se transporte, accompagné du greffier, pour recevoir sa déposition.

(3) Lorsque les témoins sont domiciliés hors du ressort du tribunal, il est donné commission rogatoire au juge du lieu où ils se trouvent pour les entendre.

Article 69. (1) Au jour indiqué, les témoins après avoir décliné leur identité, déposent sous la foi du serment ou à titre de renseignements s'ils sont parents, alliés ou employés de l'une des parties.

(2) Les témoins sont entendus séparément en présence des parties si elles comparaissent, ou de leurs conseils ou mandataires ; les parties, leurs conseils ou mandataires sont tenus de fournir leurs reproches avant la déposition des témoins.

(3) Les parents ou alliés de l'une des parties jusqu'au quatrième degré inclusivement, peuvent être reprochés, de même que celui qui a bu ou mangé avec l'une des parties et à ses frais, depuis le jugement qui a ordonné l'enquête, les serviteurs et domestiques, le témoin en accusation et le témoin condamné pour crime ou délit contre la probité.

(4) Le témoin reproché est entendu par le juge, à charge pour la juridiction saisie de statuer sur le bien-fondé du reproche ; en cas d'admission, le témoignage est écarté des débats.

Article 70. (1) Sont entendus, sans prestation de serment, les individus âgés de moins de 15 ans, sauf à avoir pour leurs dépositions tel égard que de raison.

(2) Après les dépositions, les parties peuvent, avec l'autorisation du juge, poser des questions aux témoins. Le juge peut également d'office poser des questions aux témoins.

(3) Dans toutes les causes, le greffier dresse un procès-verbal qui contient l'identité du témoin, la mention du serment, sa déclaration s'il est parent, allié ou serviteur de l'une des parties, le cas échéant, les reproches formulés contre lui et sa déposition.

4) Après lecture, le procès-verbal est signé par le témoin, le juge et le greffier.

(5) La présence du ministère public aux enquêtes est facultative.

Article 71. (1) Lorsque les témoins ont été entendus en l'absence des parties, le greffier invite celles-ci, dès réception des procès-verbaux d'audition, à en prendre connaissance au greffe dans un délai de huit jours.

(2) Chaque partie peut, dans les quinze jours suivant l'enquête ou à l'expiration du délai ci-dessus, discuter les témoignages.

(3) Les mémoires sont communiquées aux parties adverses qui disposent également d'un délai de quinze jours pour y répliquer.

Section 2. Des descentes sur les lieux [...]

Section 3. De l'audition des parties

Article 77. (1) Le tribunal peut d'office ou sur demande, ordonner l'audition des parties.

(2) La décision qui ordonne l'audition des parties en fixe le jour et l'heure. Elle est notifiée sans délai aux parties n'ayant pas comparu à l'audience.

Article 78. (1) L'audition a lieu devant le tribunal.

(2) Si les parties ou l'une d'elles sont dans l'impossibilité de comparaître, le tribunal peut commettre un de ses juges qui se transporte auprès d'elle accompagné par le greffier.

(3) En cas d'éloignement des parties ou de l'une d'elles rendant le déplacement difficile ou onéreux, la juridiction saisie peut donner commission rogatoire au tribunal de leur domicile ou de leur résidence, pour les entendre ensemble ou séparément, suivant les circonstances.

Article 79. (1) A défaut de comparution sans excuse valable, le tribunal décide si la décision doit être levée et notifiée à la partie qui a allégué l'excuse avec sommation à personne ou à domicile par huissier qu'il commet. Il fixe alors les nouveaux jours et heures.

(2) Si l'une des parties ne comparait pas ou, comparaissant, refuse de répondre, le tribunal peut tirer toute conséquence de droit et notamment faire état de l'absence ou du refus de

répondre comme équivalent à un commencement de preuve par écrit conformément au droit commun.

Article 80. Les parties interrogées séparément peuvent être confrontées.

Article 81. (1) Les parties répondent en personne aux questions qui leur sont posées et sans pouvoir se servir d'un texte écrit, sauf autorisation expresse du Président.

(2) Elles peuvent être assistées par1eurs représentants qui, après leur interrogatoire, peuvent demander au tribunal de poser les questions qu'ils estiment utiles.

Article 82. (1) 1l est dressé un procès-verbal des déclarations des parties.

(2) Lecture en est donnée chacune des parties avec interpellation de déclarer si elle a dit la vérité et persiste. Si une partie ajoute de nouvelles déclarations, l'audition est rédigée en marge ou à la suite de l'interrogatoire ; elle est lue à la susdite partie et suivie de la même interpellation que ci-dessus.

(3) Le procès-verbal est signé par le Président, le greffier et les parties; si l'une de celles-ci ne peut ou ne veut signer, il en est fait mention.

(4) Toute partie peut se faire délivrer à ses frais expédition du procès-verbal d'audition.

Section 4. De la vérification des écritures

Article 83. Si une partie allègue la fausseté d'un acte sous seing privé, public ou authentique, elle doit en rapporter la preuve conformément au droit commun.

Section 5: Des expertises

Article 84. (1) Le tribunal peut, même d'office, ordonner qu'il soit procédé à une expertise qui est confiée à un ou plusieurs experts, suivant la nature et les circonstances de l'affaire.

(2) Les parties peuvent s'entendre sur le choix des experts. En cas de désaccord entre les parties, la juridiction en désigne d'office.

(3) La décision qui ordonne l'expertise fixe les points sur lesquels elle doit porter et la date à laquelle les experts doivent prêter serment devant le Président ou devant le magistrat délégué ainsi que le délai qui leur est imparti pour accomplir leur mission.

Les experts peuvent être dispensés de la prestation de serment, d'accord parti.

(4) L'avance des frais d'expertise ordonnée par le président de la juridiction est faite dans les conditions prévues à l'article 87 ci-dessous.

Article 85. (1) Peuvent être récusés les experts commis d'office, qui sont parents ou alliés de l'une des parties jusqu'au quatrième degré inclusivement ou qui ont été condamnés pour crime ou délit contre la probité.

(2) La récusation des experts ne peut être proposée que dans les quinze jours de leur désignation.

Elle est faite par déclaration au greffe compétent. Il est statué en chambre du conseil après observation de l'expert mis en cause.

(3) La décision acceptant la récusation désigne un nouvel expert ou de nouveaux experts à la place de celui ou de ceux récusés.

Article 86. (1) Dans les vingt-quatre heures de l'enregistrement, s'il n'en est décidé autrement par la juridiction, le greffier notifie cette décision aux experts désignés et leur en délivre une expédition.

(2) L'expert fait connaître son refus motivé dans les huit jours de cette notification ou au plus tard la veille de l'audience à laquelle son serment doit être reçu.

(3) En cas de refus ou d'empêchement de l'expert, il est pourvu à son remplacement par ordonnance, soit d'accord parties, soit d'office, dans un délai de quinze (15) jours.

Article 87. L'expert qui, après l'avoir acceptée, ne remplit pas sa mission peut, sans préjudice des peines édictées par l'article 174 du code pénal être condamné à tous les frais frustratoires et même à des dommages-intérêts, à moins qu'il ne justifie d'un empêchement légitime.

Article 88. (1) Les frais et honoraires des experts sont avancés par la partie qui demande l'expertise.

(2) Si l'expertise est demandée d'accord parties, les honoraires et frais sont avancés par les deux parties.

(3) Lorsque l'expertise est ordonnée d'office, l'expert peut, s'il échet, demander la provision sur taxe en cas de contestation.

Article 89. (1) Les experts indiquent aux parties les lieux jour et heure de leurs opérations, et reçoivent du greffier les pièces et documents nécessaires, contre décharge.

(2) Les parties ou tous autres sachant peuvent être entendus par les experts.

(3) L'expert dresse un rapport de sa mission. S'il y a plusieurs experts, ils ne dressent qu'un seul rapport et ils ne formulent qu'un seul avis, à la majorité des voix. Le rapport est signé de tous. Ils indiquent néanmoins, en cas d'avis différents, les

motifs des divers avis, sans faire connaître quel a été l'avis personnel de chacun d'eux.

Article 90. (1) En cas de retard dans le dépôt du rapport, l'expert peut être assigné par la partie la plus diligente dans les trois jours par-devant le tribunal, qui apprécie la cause du retard.

(2) Si le tribunal ordonne le remplacement de l'expert, celui-ci est condamné aux dépens de l'incident.

Article 91. (1) Le rapport, accompagné du nombre de copies prévues par l'article 36 ci-dessus, est déposé au greffe pour être notifié aux parties en cause.

(2) L'expert y joint un état de ses vacations, frais et honoraires en quatre exemplaires.

(3) La taxation est faite par le président ou le juge désigné par lui a cet effet.

Article 92. Les parties peuvent discuter le rapport dans les quinze jours de la notification qui leur est faite ; la partie la plus diligente peut lever le rapport et le faire signifier à la partie adverse.

(2) Leurs mémoires sont notifiés aux autres parties qui disposent du même délai pour y répliquer.

(3) Ces délais peuvent être réduits dans les conditions prévues à l'article 41 ci-dessus.

Article 93. L'avis de l'expert ne lie pas le tribunal.

Chapitre 5. Des incidents

Section 1: Des demandes incidentes [...]

Section 2 : De l'intervention et des mises en cause [...]

Section 3 : Du désistement et de l'acquiescement […]

Section 4 : Des péremptions et des reprises d'instances

Article 101. Tout recours est éteint par discontinuation des poursuites pendant trois ans.

Article 102. Le décès de l'une des parties survenu avant la décision donne lieu à reprise d'instance.

Article 103. La reprise d'instance est demandée par les héritiers dans les six mois de leur connaissance du décès, par requête déposée au greffe du tribunal administratif ou adressée par voie postale.

Section 5 : Des récusations […]

Chapitre 6. Des voies de recours

Section 1 : De l'opposition

Article 107. La déclaration d'opposition contre tout jugement de défaut du tribunal administratif est faite soit par le demandeur en personne ou par son avocat, soit par un mandataire muni, à peine d'irrecevabilité, d'un pouvoir spécial

Article 108. Le greffier qui enregistre la déclaration d'opposition en délivre immédiatement une expédition au déclarant.

Article 109. (1) Les jugements sont rendus par défaut lorsque les parties n'ont pas déposé les mémoires dans les délais impartis.

2) Les décisions par défaut sont susceptibles d'opposition.

(3) La requête en opposition est formée dans les quinze jours de la notification de la décision de défaut.

Article 110. Pendant ce délai, auquel s'ajoute le délai de distance, le jugement ne peut être exécuté à moins que, en cas d'urgence ou de péril en la demeure l'exécution provisoire avec ou sans caution n'ait été ordonnée

Article 111. La notification de la décision doit, à peine de nullité, mentionner :

- le délai dont dispose la partie défaillante pour former opposition ;

- qu'à l'expiration de ce délai, la décision devient définitive.

Section 2 : De l'appel

Article 112. La déclaration d'appel contre tout jugement du tribunal administratif est faite au greffe, soit par le demandeur en personne ou par son avocat, soit par un mandataire muni, à peine d'irrecevabilité, d'un pouvoir spécial.

Article 113. Le greffier qui enregistre la déclaration d'appel en délivre immédiatement une expédition au déclarant.

Article 114. (1) Les décisions rendues en premier ressort dans les conditions prévues par des textes particuliers, celles rendues en premier ressort en matière électorale et en matière de référé, sont susceptibles d'appel devant la Chambre Administrative dans les délais prévus par le texte fixant la procédure devant la Chambre Administrative de la Cour Suprême.

(2) L'appel suspend l'exécution du jugement, sauf décision contraire de la Chambre Administrative de la Cour Suprême.

(3) L'appel d'une décision avant-dire-droit ne peut être interjeté que conjointement avec l'appel à l'encontre de la décision définitive sur le fond. Il est recevable même en cas d'exécution sous réserve de la décision avant -dire- droit.

(4) L'appel du Procureur Général a un effet dévolutif.

Section 3 : De la tierce opposition

Article 115. (1) La tierce opposition devant le tribunal administratif est soumise aux règles édictées par le droit commun.

2) La demande est soumise aux conditions de la requête introductive d'instance.

Section 4. Du pourvoi en cassation

Article 116. Les décisions rendues en premier et dernier ressort par le tribunal administratif sont susceptibles de pourvoi devant la Chambre Administrative dans les formes et délais prévus par le texte fixant l'organisation de la Cour Suprême.

Section 4. Du recours en rectification d'erreur matérielle

Article 117. (1) Lorsque la décision d'un tribunal administratif est entachée d'une erreur matérielle, la partie intéressée peut introduire un recours en rectification devant le Président dudit tribunal.

2) Ce recours est introduit par simple requête et le délai est de trente (30) jours *à* compter de la notification de la décision en cause.

Section 6 : Des recours en révision

Article 118. (1) La révision d'une décision contradictoire peut être demandée dans les trois cas suivants :

a) lorsqu'il y a eu dol personnel ;

b) lorsqu'il a été statué sur les pièces reconnues ou déclarées fausses depuis la décision

c) lorsqu'une partie a succombé, faute de présenter une pièce décisive retenue par son adversaire.

(2) le recours en révision doit être formé dans un délai de trente (30) jours qui court à compter du lendemain du jour de la connaissance de la cause ouvrant droit à révision. Il est instruit et jugé par le tribunal qui a rendu le jugement prétendument vicié et selon la procédure suivie devant le tribunal.

Titre 4 : Dispositions transitoires et finales

Article 119. (1) La mise en place des Tribunaux Administratifs s'effectue de manière progressive, en fonction des besoins et des moyens de l'Etat.

(2) En attendant la mise en place des juridictions prévues par la présente loi, la Chambre Administrative de la Cour Suprême exerce provisoirement leurs attributions. A cet effet, les sections de ladite chambre statuent par jugement, en premier ressort et à charge d'appel ou de pourvoi devant les sections réunies.

Toutefois, les magistrats ayant participé au jugement d'une affaire en premier ressort ne peuvent le faire en appel ou en cas de pourvoi.

(3) En attendant la mise en place des tribunaux Administratifs prévus par la présente loi, il est statué en premier ressort sur les actions en référé et les demandes de sursis à exécution par un Conseiller à la Chambre désigné par ordonnance du Président pour une année judiciaire.

(4) Dès la mise en place des tribunaux Administratifs prévus par la présente loi, les affaires pendantes devant la Chambre Administrative de la Cour suprême en vertu de l'alinéa (2) du présent article sont transférées devant eux.

Article 120. Sont abrogées toutes dispositions antérieures contraires notamment la loi n° 75/17 du 8 décembre 1975 fixant la procédure devant la Cour Suprême statuant en matière administrative.

Article 121. La présente loi sera enregistrée et publiée suivant la procédure d'urgence, puis insérée au Journal Officiel en français et en anglais /-

Annexe 5

Décret n° 2012/119 du 15 mars 2012 portant ouverture de Tribunaux administratifs

Le Président de la République, décrète:
Article premier. Sont ouverts, dans les régions ci-dessous indiquées, les Tribunaux Administratifs suivants :
Région de l'Adamaoua
Tribunal Administratif de Ngaoundéré
Région du Centre
Tribunal Administratif de Yaoundé
Région de l'Est
Tribunal Administratif de Bertoua
Région de l'Extrême-Nord

Tribunal Administratif de Maroua

Région du Littoral
Tribunal Administratif de Douala
Région du Nord
Tribunal Administratif de Garoua
Région du Nord-Ouest
Tribunal Administratif de Bamenda
Région de l'Ouest
Tribunal Administratif de Bafoussam

Région du Sud
Tribunal Administratif d'Ebolowa
Région du Sud-Ouest
Tribunal Administratif de Buea
Article 2.Le siège et le ressort de ces juridictions sont fixés conformément aux tableaux ci-après:

Cour d'Appel	Tribunal administratif	Siège	Ressort
Adamaoua	Ngaoundéré	Ngaoundéré	Région de l'Adamaoua
Centre	Yaoundé	Yaoundé	Région du Centre
Est	Bertoua	Bertoua	Région de l'Est
Extrême-Nord	Maroua	Maroua	Région de l'Extrême-Nord
Littoral	Douala	Douala	Région du Littoral
Nord	Garoua	Garoua	Région du Nord
Nord-Ouest	Bamenda	Bamenda	Région du Nord-Ouest
Ouest	Bafoussam	Bafoussam	Région de l'Ouest
Sud	Ebolowa	Ebolowa	Région du Sud
Sud-Ouest	Buea	Buea	Région du Sud-Ouest

Article 3. Le Ministre d'Etat, Ministre de la Justice, Garde des Sceaux est chargé de l'application du présent décret qui sera enregistré, publié suivant la procédure d'urgence, puis inséré au Journal Officiel en français et en anglais.

Annexe 6

Décret n° 2012/194 du 18 avril 2012 portant nomination de magistrats du Siège dans les Tribunaux administratifs

Le Président de la République, décrète:

Article 1er. Sont, pour compter de la date de prise de service, nommés aux postes ci-après, au Siège des Tribunaux administratifs:

Dans le ressort de la Cour d'Appel de l'Adamaoua
Tribunal Administratif de Ngaoundéré
Président :
M. MVELE MENDO'O Martin Jules (Mle 516 830-T), Magistrat de 4ème grade, précédemment Président du Tribunal de Grande Instance de la Bénoué, poste créé.

Juges :
M. DJOKO Félix (Mle 133942-Q), Magistrat de 4ème grade, précédemment Avocat Général près la Cour d'Appel du Sud, poste créé.
M. KOUE KAOKAMLA (Mle 538 357-K), Magistrat de 4ème grade, précédemment Président des Tribunaux de Première et de Grande Instance d'Eseka, poste créé.

Dans le ressort de la Cour d'Appel du Centre
Tribunal Administratif de Yaoundé
Président :
M. ANABA MBO Alexandre (Mle 516 700-Q), Magistrat de 4ème grade, précédemment Sous-Directeur des autres Affaires non répressives et du Sceau à la Direction des Affaires non répressives et du Sceau du Ministère de la Justice, poste créé.

Juges :
M. NGUIMOUT Jean Paul (Mle 168 029-B), Magistrat de 4ème grade, précédemment vice-Président de la Cour d'Appel du Centre, poste créé.

M. MBVOUMBO Urbain Magloire (Mle 519 614-S), Magistrat de 4ème grade, précédemment Avocat Général près la Cour d'Appel du Nord, poste créé.

Dans le ressort de la Cour d'Appel de l'Est
Tribunal Administratif de Bertoua
Président :
M. NGANTCHUET NANTCHA Laurent (Mle 142 469-N), Magistrat de 4ème grade, précédemment vice-Président de la Cour d'Appel du Sud, poste créé.
Juges :
M. FOM MARNA (Mle 544 898-Y), Magistrat de 3ème grade, précédemment Procureur de la République près les Tribunaux de Première et de Grande Instance de Kribi, poste créé ;
M. NKENGUE Paul Sylvain (Mle 550 290-A), Magistrat de 3ème grade, précédemment Substitut du Procureur Général près la Cour d'Appel du Sud, poste créé.

Dans le ressort de la Cour d'Appel de l'Extrême-Nord
Tribunal Administratif de Maroua
Président :
M. ABOUBAKARI (Mle 361548-N), Magistrat de 4ème grade, précédemment Président du Tribunal de Grande Instance du Diamaré, poste créé.
M. KEMBOU SINOU Paul Niverd (Mle 173 456-V), Magistrat de 4ème grade, précédemment Procureur de la République près les Tribunaux de Première et de Grande Instance de Batouri, poste créé;
M. SONE Simon (Mle 591172-E), Magistrat de 4ème grade, précédemment Avocat Général près la Cour d'Appel de l'Adamaoua, poste créé.

Dans le ressort de la Cour d'Appel du Littoral
Tribunal Administratif de Douala
Président :
Mme Dorcas MUKWADE NGANDO (Mle 515 631-J), Magistrat de 4ème grade, précédemment vice-Président de la Cour d'Appel du Littoral, poste créé ;

M. ENYOURNA NYEMB Moïse Valentin (Mle 500384-G), Magistrat de 4ème grade, précédemment vice-Président de la Cour d'Appel de l'Adamaoua, poste créé;

M. GONONDO BLADI (Mle 554928-K), Magistrat de 3ème grade, précédemment Procureur de la République près les Tribunaux de Première et de Grande Instance de Sangmelima, poste créé.

Dans le ressort de la Cour d'Appel du Nord
Tribunal Administratif de Garoua

Président :
M. AYISSI NTSA (Mle 376393-T), Magistrat de 4ème grade, précédemment Avocat Général près la Cour d'Appel du Nord, poste créé ;
Mme ZOULEYATOU épouse AMAZIA ABBA (Mle 543 095-Q), Magistrat de 4ème grade, précédemment Conseiller à la Cour d'Appel de l'Extrême-Nord, poste créé ;
M. LANGOUO Sylvestre (Mle 371 OOO-D), Magistrat de 3ème grade, précédemment Président des Tribunaux de Première et de Grande Instance de Banyo, poste créé.
Dans le ressort de la Cour d'Appel du Nord-Ouest
Tribunal Administratif de Bamenda

Président :
Mme FOMUNDAM Rose épouse MBAH Acha (Mle 166484-M), Magistrat de 4ème grade, précédemment vice-Président de la Cour d'Appel du Sud-Ouest, poste créé.
Juges :
M, SUH DAMIAN Ambe (Mle 361 501-M), Magistrat de 4ème grade, précédemment Avocat Général près la Cour d'Appel de l'Adamaoua, poste créé ;
Mme ASA'A Florence FRU épouse AWASOM (Mle 538 401-P), Magistrat de 4ème grade, précédemment Président du Tribunal de Première Instance de Batibo, poste créé.
Dans le ressort de la Cour d'appel de l'Ouest
Tribunal Administratif de Bafoussam

Président:
M. NONGA Jean Pierre (Mle 357 336-0), Magistrat de 4ème grade, précédemment Avocat Général près la Cour d'Appel du Littoral, poste créé.
Juges :
Mme Aïssatou Abdoulaye Oumarou (Mle 529405-R), Magistrat de 4ème grade, précédemment vice-Présidente de la Cour d'Appel de l'Ouest, poste créé;

Mme ANANFACK Marcelline (Mle 173 44O-C), Magistrat de 4ème grade, précédemment Chargé d'Etudes Assistant à la Direction de la Législation du Ministère de la Justice, poste créé.

Dans le ressort de la Cour d'Appel du Sud
Tribunal Administratif d'Ebolowa

Président :
Mme MENDO Lydie épouse MALONGTE (Mle 520762-J), Magistrat de 4ème grade, précédemment Avocat Général près la Cour d'Appel du Centre, poste créé.
Juges :
M. OHANDZA Ernest (Mle 142 279-U), Magistrat de 4ème grade, précédemment Avocat Général près la Cour d'Appel du Sud-Ouest, poste créé;

M. TEJIOZEM Rogatien (Mle 372 409-A), Magistrat de 3ème grade, précédemment Substitut du Procureur Général près la Cour d'Appel de l'Est, poste créé.

Dans le ressort de la Cour d'Appel du Sud-Ouest
Tribunal Administratif de Buea
Président :
M. NGU NGWA Augustine (Mle 508 068-M), Magistrat de 4ème grade, précédemment Avocat Général près la Cour d'Appel du Nord-Ouest, poste créé.

Juges :
M. MBU Edward OSOH (Mle 537 977-L), Magistrat de 4ème grade, précédemment Procureur de la République près le Tribunal de Première Instance de Limbe, poste créé

M. TANKEU Mathieu (Mle 372 325-A), Magistrat de 3[e]grade, précédemment Procureur de la République près les Tribunaux de Première et de Grande Instance de Guider, poste créé.

Art. 2:Les intéressés auront droit aux avantages de toute nature prévus par la réglementation en vigueur.

Art. 3:Le présent décret sera enregistré, puis publié au Journal Officiel en français et en anglais.

Yaoundé, le 18 avril 2012
Le Président de la République

Bibliographie

A- Ouvrages généraux et spécifiques

-ABA'A OYONO (J-C), *La compétence de la juridiction administrative en droit camerounais*, Thèse, Université de Nantes, 1994.

-BASSONG MBOG, *Les fondements de l'État de droit en Afrique précoloniale*, Paris, L'Harmattan, coll. « Études africaines », 2007.

- BIDIMA (J-G), *La palabre. Une juridiction de la parole*, Paris, Michalon, 1997.

-BILONG (S), *Approche méthodologique du droit administratif*, Dschang, Presses universitaires de Dschang, 1re éd., 2007.

-BINYOUM (J), *Contentieux administratif, Cours polycopié*, 3e année de licence, Université de Yaoundé, 1992.

-BINYOUM (J), NGOLE NGWESSE (P), *Éléments de contentieux administratif camerounais*, Paris, L'Harmattan, préface de Maurice Kamto, 2010.

-BONICHOT (J-C), CASSIA (P), POUJADE (B), *Les grands arrêts du contentieux administratif*, Paris, Dalloz, 2007.

-BRAUDO (S), Dictionnaire de droit privé, disponible sur http://www.dictionnairejuridique.com/definition/ressort.php

-BRISSON (J-F), *Les recours administratifs en droit public français*, Paris, LGDJ, coll. « Bibl., de droit public », t. 18, préface de Bernard Pacteau, 1996.

-CAILLOSSE (J), *La Constitution imaginaire de l'administration. Recherche sur la politique du droit administratif*, Paris, PUF, coll. « Les voies du droit », 2008.

-CHABANOL (D), *La pratique du contentieux administratif*, Paris, LexisNexis, coll. « Pratique professionnelle », 9e éd, 2011.

-CHAPUS (R), *Le droit du contentieux administratif*, Paris, Montchrestien, coll. « Précis Domat », 1982.

-CHEVALLIER (J), LOOSCHAK (D), *Science administrative*, Paris, LGDJ, t.1, 1978.

- CLAEYS (A), *L'évolution de la protection juridictionnelle de l'administré au moyen du recours pour excès de pouvoir*, Thèse de doctorat en droit, université de Poitiers, 2005.

-CONNIL (D), *L'office du juge administratif et le temps*, Thèse, Université de Pau et des pays de l'Adour, 2010.

-CORNU (G), *Vocabulaire juridique*, Paris, PUF, 2001.

-COSTA (D), *Contentieux administratif*, Paris, LexisNexis, coll. « Objectif droit cours », 2011.

-COSTA (J-P), *Le Conseil d'Etat dans la société contemporaine*, Paris, Economica, coll. « Mieux connaître », 1993.

-DARBON (D), *Le paradoxe administratif : perspective comparée autour de cas africains*, Thèse, Université de Bordeaux 1, 1991.

-DE LAUBADERE (A), VENEZIA (J.-C) et GAUDEMET (Y), *Droit Administratif*, Paris, LGDJ, 17e éd., 2002.

-DEGUERGUE (M), *Procédure administrative contentieuse*, Paris, Montchrestien, coll. « Focus droit », 2003.

-DELAUNAY (B), *L'amélioration des rapports entre l'administration et les administrés. Contribution à l'étude des réformes administratives depuis 1945*. Paris, LGDJ, coll. « Bibl de droit public », t. 172, 1993, préface de Christian Debouy.

-DIAGNE (N-D), *L'efficacité du contrôle contentieux exercé sur l'administration sénégalaise*, Thèse, Université Cheikh Anta Diop de Dakar, 1990.

-DIALLO (H. II), *La réforme de la justice guinéenne. Défis et stratégie*, Paris, L'Harmattan, préface de Mamadou Alioune 2011.

-DONIER (V), LAPEROU-SCHENEIDER (B) (dir), *L'accès au juge, Recherches sur l'effectivité d'un droit*, Bruxelles, Bruylant, 2013.

- *Droit d'accès à l'information et transparence administrative au Cameroun : étendue et limites du cadre normatif et institutionnel.* Initiative de gouvernance citoyenne, Yaoundé, Imprimerie Saint-Paul, 2010.

-FANDJIP (O), *Le temps dans le contentieux administratif. Essai d'analyse comparative des droits français et des États d'Afrique francophone*, Thèse de doctorat en droit, université Clermont Auvergne, 2016.

-FOILLARD (P), *Droit administratif*, Orléans, Centre de publication universitaire, 8e éd., 2004.

-GALLETTI (F), *Les transformations de l'État et du droit public en Afrique de l'Ouest francophone*, Thèse, Université de Perpignan, t. 1, 2003.

-GALLETTI (G), *Le Juge Pénal Nouveau juge de la responsabilité des agents publics et des élus? Une manifestation d'un droit administratif en mutation*, Paris, L'Harmattan, coll. « Logiques juridique », préface de Louis Constans, 2000.

-GATSI (J), *Nouveau Dictionnaire Juridique*, Douala, Presses universitaires libres, 1re éd., 2008.

-GRIMAL (H), *La décolonisation, 1919-1963*, Paris, Armand Colin, 1965.

-GROS (M), *Droit administratif. L'angle jurisprudentiel*, Paris, L'Harmattan, coll. « Logiques juridiques », 4e éd., 2012.

-GUIMDO DONGMO (B.-R), *Le juge administratif camerounais et l'urgence. Recherche sur la place de l'urgence dans le contentieux administratif camerounais.* Thèse, Université de Yaoundé II, 2004.

-GUINCHARD (S), MONTAGNIER (G), (dir), *Lexique des termes juridiques*, Paris, Dalloz, 1988.

-KAH (A), *La codification administrative au Sénégal*, Thèse, Université Paris nord, 1996.

-KAMTO (M), *Droit administratif processuel du Cameroun*, Yaoundé, Presses universitaires du Cameroun, 1990.

-KAMTO (M), *L'Afrique dans un monde en mutation. Dynamique interne : marginalisation internationale*, Yaoundé, Africaine d'édition, 2009.

-KEMFOUET KENGNY (E-D), *Le référé devant le juge administratif camerounais*, Mémoire de Maîtrise en droit public, Université de Dschang, 1998.

-KEUTCHA TCHAPNGA (C), (dir), *Les grandes décisions annotées de la juridiction administrative du Cameroun*, Paris, L'Harmattan, 2017.

-KEUTCHA TCHAPNGA (C), *Précis de contentieux administratif au Cameroun. Aspects de l'évolution récente*, Paris, L'Harmattan, 2017

-KWAHOU (S), *La justice administrative au Gabon : essai sur l'exercice de la fonction juridictionnelle en matière administrative*, Thèse, Université de Rouen, 2004.

-LEMASURIER (J), *Le contentieux administratif en droit comparé*, Paris, Economica, 2009.

-MAX-WEBER, *Sociologie du droit*, Paris, PUF, 2003.

-MBALLA OWONO (R), *Les délais de distance en contentieux administratif camerounais*, Mémoire de DEA, Université de Douala, 2004.

-MBOME (F-X), *Le contentieux fiscal camerounais*, Presses universitaires d'Afrique, 2000.

-MINKOA SHE (A), *Droit de l'homme et droit pénal au Cameroun*, Paris, Economica, coll. « la vie du droit en Afrique », 1999.

-MONTESQUIEU, *De l'esprit des lois*, 1758, livre VI, chapitre III.

- NGANGUI (H-C), *Contribution à l'étude du contentieux administratif au Gabon*, Thèse, Université de Reims Champagne-Ardenne, t. 1, 2006.

-NGONGO (L-P), *Histoire des institutions et des faits sociaux du Cameroun, 1884-1945*, Paris, Berger Levrault, t. 1, 1987.

-NGOUNDOS IDOURAH (S), *Colonisation et confiscation de la justice en Afrique. L'administration de la justice au Gabon, Moyen-congo, Oubangui-Chari et Tchad : de la création des colonies à l'aube des indépendances*, Paris, L'Harmattan, coll. « Études africaines », 2001

-NJEUMA (M) (dir), *Histoire du Cameroun*, Paris, L'Harmattan, 1989.

-NJOCKE (H-C), *L'accès au juge administratif camerounais*, Thèse, Université Paris I Panthéon-Sorbonne, 2005, Atelier national de reproduction de l'Université de Lille 3, 2006.

-NKOT (P-F), *Usages politiques du droit en Afrique. Le cas du Cameroun*, Bruxelles, Bruylant, 2005.

-NLEP (R-G), *L'administration publique camerounaise. Contribution à l'étude des systèmes africains d'administration publique*, Paris, LGDJ, coll. « Bibl. africaine et malgache », 1986.

-NTAH A MATSAH (H-M), *Le ministère public dans le contentieux administratif au Cameroun : Contribution à l'étude des organes de la juridiction administrative au Cameroun*, Thèse, Université de Yaoundé 2, 2010.

-NTAMPAKA (C), *Introduction aux systèmes juridiques africains*, Presses universitaires de Namur, coll. « Travaux de la faculté de droit de Namur », 2005.

-ODENT (R), *Contentieux administratif*, Paris, coll. « Les cours de droit », 1970-1971.

-OLINGA (A-D), *Le nouvel environnement juridique et institutionnel des élections au Cameroun*, Yaoundé, Presses universitaires d'Afrique, 2007.

-ONDOA (M) (dir), *L'administration publique camerounaise à l'heure des réformes*, Yaoundé, L'Harmattan, préface de Joseph Owona, 2010.

-ONDOA (M), *Le droit de la responsabilité publique dans les Etats en développement. Contribution à l'étude de l'originalité des droits africains postcoloniaux*, Paris, L'Harmattan, 2010.

-ONDOUA (A) (dir), *La Constitution camerounaise du 18 janvier 1996. Bilan et perspectives*, Yaoundé, Africaine d'Édition, 2007.

-OWONA (A), *La naissance du Cameroun*, 1884-1914, Paris, L'Harmattan, 1996.

-OWONA (J), *Droit administratif spécial de la république du Cameroun*, Yaoundé, EDICEF, 1985.

-OWONA (J), *La décentralisation camerounaise*, L'Harmattan, Paris, coll. « Droits Africains et Malgache », 2011.

-OWONA (J), *Le contentieux administratif de la République du Cameroun*, Paris, L'Harmattan, coll. « Droits africains et malgache », 2011.

-PAMBOU TCHIVOUNDA (G), *Les grandes décisions de la jurisprudence administrative du Gabon*, Paris, éd., A. Pedone, 1994.

-PREVEDOUROU (E), *Les recours administratifs obligatoires. Étude comparée des droits allemands et*

français. Thèse, Paris, LGDJ, coll. « Bibl., de droit public », t. 180,1996.

- RAMBAUD (T), *Introduction au droit comparé. Les grandes traditions juridiques dans le monde*, Paris, PUF, coll. « Quadrige manuels », 2014, p. 215 et s.

-RENAUT (M-H), *Histoire du droit administratif*, Paris, Ellipses, 2007.

-RENEAUD (F), *Recherches sur les rapports entre ordres juridiques*, Thèse, Université Toulouse 1, 1999, Atelier national de reproduction de l'Université de Lille 3, 2000.

-ROUQUETTE (R), *Petit traité du procès administratif*, Paris, Dalloz, 2e éd., 2006.

-SIETCHOUA DJUITCHOKO (C), *L'appel dans le contentieux administratif au Cameroun. Contribution à l'étude de la juridiction administrative*, Thèse, Université d'Aix- Marseille

III, 2001, Atelier national de reproduction de l'Université de Lille 3, 2002.

-SINDJOUN (J), *L'Etat ailleurs. Entre noyau dur et case vide*, Paris, Economica, coll. « La vie du droit en Afrique », 2002.

-TOUVET (L), FERSTENBERT (J), CORNET (C), *Les grands arrêts du droit de la décentralisation*, Paris, Dalloz, 2e éd., 2001.

-TRUCHET (D), *Le droit public*, Paris, PUF, coll. « Que sais-je ? », 2e éd., 2010.

-VANDERLINDEN (J), *Aux sources des droits africains contemporains*, Paris, Institut de droit comparé, 1975.

-WACHSMAN (P) (dir), *Le nouveau juge des référés. Réflexions sur la réforme opérée par la loi du 30 juin 2000*, Presses universitaires de Strasbourg, 2002.

-WESSELING, *Le partage de l'Afrique, 1880-1914*, Traduit du néerlandais par Patrick Grilli, Paris, éd. Denoël, 1996.

B- Articles

-ABA'A OYONO (J-C), « Chronique du grain de sable dans la fluidité jurisprudentielle à la chambre administrative du Cameroun », *Juridis Périodique*, n° 78/2009, p. 62.

-ABA'A OYONO (J-C), « Les mutations de la justice à la lumière du développement constitutionnel de 1996 », *Juridis Périodique*, n° 44/2000, p.74.

-ABANE ENGOLO (P. E), « Existe-t-il un droit administratif camerounais ? », *in* M. Ondoa, P. E Abane Engolo (dir), *Les fondements du droit administratif camerounais*, Paris, L'Harmattan, 2016, p. 13.

-AHADZI (K), « L'accès à la justice. Brèves réflexions sur le cas des États d'Afrique noire francophone », *in* M. Pâques et M. Faure (dir), *La protection de l'enivrement au cœur du système juridique international et du droit interne. Acteurs, valeurs et efficacité*, Bruxelles, Bruylant, 2003, p. 397.

-ANOUKAHA (F), « La réforme de l'organisation judiciaire au Cameroun », *Juridis Périodique*, n° 70/2007, p. 45.

- ATANGANA (B), « Actualité de la palabre ? », *Études*, n° 324/1996, p. 462. Disponible sur le site : http://gallica.bnf.fr/ark:/12148/bpt6k441805d/f32.image.r=jesus.langFR.

-ATEMENGUE (J-N), « Production du droit public interne et contexte politique : le cas du Cameroun », *RDIDC*, n° 2/2012, p. 273.

-BADARA FALL (A), « Universalité des droits de l'homme et pluralité juridique en Afrique. Analyse d'un paradoxe », *in La Constitution et les valeurs, Mélanges en l'honneur de Dmitri Georges Lavroff*, Paris, Dalloz, 2005, p. 360.

-BADARA FALL (A), « Le droit africain a-t-il sa place dans le droit comparé ? », *in* J. Dubois de Gaudusson (dir), *Le devenir du droit comparé en France*, PUAM, 2004, p. 165.

-BELAID (S), « La juridiction administrative en Tunisie, présentation générale et observations critiques », *in* G. Conac et J. du Bois de Gaudusson (dir), *Les Cours suprêmes en Afrique, La jurisprudence administrative*, Paris, Economica, t. 3, 1988, p. 312.

-BELDA (B), « Faut-il généraliser le recours administratif obligatoire ? », *RDP*, n° 6/2008, p. 1489.

-BILONG (S), « La crise du droit administratif au Cameroun. », *RJP*, n° 1/2011, p. 62.

-BIPELE KEMFOUEDIO (J), « La tutelle administrative dans le nouveau droit camerounais de la décentralisation », *Annales de la faculté des sciences juridiques et politiques, de l'université de Dschang*, t. 9, 2005, éd., spéciale, p.107.

-BIPELE KEMFOUEDIO (J), FANDJIP (O), « Le nouveau procès administratif au Cameroun : réflexion sur le recours gracieux en matière d'urgence », *RIDC*, n° 4/2012, p. 973.

-BONNEAU (H), « La règle de la décision préalable devant les tribunaux administratifs », *Recueil Dalloz*, 1955, chr., p. 11.

-BOUKONGOU (J-D), « L'esprit des droits africains », *in De l'esprit du droit africain. Mélanges en l'honneur de Paul Gérard Pougoué*, Paris, Wolters Kluwer, 2014, p. 169.

-BRARD (Y), « Réflexions sur le code gabonais des juridictions administratives (Loi n° 17/84 du 29 décembre 1984) », *RJPEF*,n° 3-4/1985, p. 925.

-BRISSON (J-F), « Régler autrement les litiges administratifs : les recours gracieux et hiérarchiques, voie alternative de protection des administrés », *RDP*, 1996, p. 793.

-CASSESE (S), « La globalisation du droit », *in La conscience des droits, Mélanges en l'honneur de Jean Paul Costa*, Paris, Dalloz, 2011, p. 113.

-CHABANOL (D), « La régularisation des requêtes devant la juridiction administrative », *AJDA*, 1993, p. 331.

-CHAPUS (R), « Aux sources du régime du contentieux administratif tunisien : du protocole franco-italien du 25 janvier 1884 au décret beylical du 27 novembre 1888 », *Revue tunisienne de droit*, 1966/1967, p. 90.

-CHEVALIER (J), « Réflexions sur l'arrêt CADOT », *Recueil Dalloz*, n° 9, la fonction de juger, 1989, p. 79.

-CONAC (G), « Le juge et la construction de l'État de droit en Afrique », *Mélanges Guy Braibant*, Paris, Dalloz, 1997, p. 105.

-CONAC (G), « Les politiques juridiques des Etats d'Afrique francophone au lendemain des indépendances », *in Mélanges en l'honneur du professeur* Gustave *Peiser*, Presses universitaires de Grenoble, coll. « Droit public », 1995, p. 156.

-CIAUDO (A), « Un nouveau cas de responsabilité pour faute lourde : le refus du préfet de se substituer au maire dans l'exercice de ses pouvoirs de police administrative », note sous Cour administrative d'appel de Versailles, 19 mai 2005, ministre de l'Intérieur c/ France Télécom, *JurisClasseur Périodique*, 13 février 2006, En ligne.

- CIAUDO (A), « Le recours administratif préalable obligatoire, un obstacle à l'accès au juge ? », *in* V. Donier, B. Lapérou-

Scheneider (dir), *L'accès au juge, Recherches sur l'effectivité d'un droit*, Bruxelles, Bruylant, 2013, p. 826.

-CUZACQ (N), « La qualité de la loi : un oxymore en droit contemporain ? », *RRJ*, n° 1/2012, p. 15.

-DEBERE (M), « La justice sans juge, d'hier à demain », *in* J. Du Bois De Gaudusson, G. Conac (dir), *La justice en Afrique*, Afrique contemporaine, 4e trimestre, numéro spécial, 1990, p. 87.

-DEGUERGUE (M), « Préface », *in* A. Frank, *Le droit de la responsabilité administrative à l'épreuve des fonds d'indemnisation*, Paris, L'Harmattan, coll. « Logiques juridiques », 2008.

-DELMAS-MARTY (M), « Les processus de mondialisation du droit », *in* G.-A Morand (dir), *Le droit saisi par la mondialisation*, Bruxelles, Bryulant, 2001, p. 172.

-DEMBA SY, « L'activité de la cour de justice de l'UEMOA », *Revue de la Faculté des sciences juridique et politique de l'Université Cheikh Anta Diop de Dakar*, n° 1/2007, p. 236.

-DEMBA SY, « Près de deux siècles de justice administrative au Sénégal entre continuité et changement », *in* M. Badji, O. Devaux (dir), *De la justice coloniale aux systèmes judiciaires africains contemporains, Presses de l'université des sciences sociales de Toulouse*,2006, p. 182.

- DEMBA SY, « Justice administrative et droit administratif en Afrique. Un bilan », *in Espaces du service public, Mélanges en l'honneur de Jean du Bois de Gaudusson*, Presses universitaires de Bordeaux, t. 1, 2013, p. 667.

-DEVAUX (J), « La réforme des conseils de préfecture », *RDP*, 1926, p. 647.

-DEVAUX (O), LOUIS MARTIN (M), « La justice au Maroc à l'époque coloniale », *in* M. Badji, O. Devaux (dir), *De la justice coloniale aux systèmes judiciaires africains contemporains*, Presses de l'université des sciences sociales de Toulouse, 2006, p. 315.

-DIAKHATE (M), « Les ambiguïtés de la juridiction constitutionnelle dans les États de l'Afrique noire francophone », *RDP*, n° 3/2015, p. 785.

-DJOFANG (D-A), « Le nouveau visage de la Cour suprême du Cameroun : vers une plus grande efficacité ? », *Revue de l'ERSUMA*, n° 1/2012, En ligne.

-DONFACK SOKENG (L), « Les incertitudes de la notion de "libertés publiques" », *Annales de la faculté des sciences juridiques et politiques de l'Université de Dschang*, Yaoundé, Presses universitaires d'Afrique, t. 1, vol. 2, 1997, p. 23.

-DONSOU (A), « Acteurs politico-institutionnels et État de droit constitutionnel en Afrique », *in* M. Moustapha Aidara (dir), *A l'ombre du droit*, Paris, L'Harmattan, 2013, p. 153.

-DOUNKENG ZELE (C), « Le paradoxe de l'institution judiciaire dans les régimes politiques africains de 1960 jusqu' à nos jours : entre déconstruction et reconstruction relative d'un pouvoir », *Revue internationale de droit africain*, n° 91/2011, p. 55.

-FANACHI (P), « Y a-t-il une jurisprudence des tribunaux administratifs ? », *inTrentième anniversaire des tribunaux administratifs*, Editions du Centre National de la Recherche Scientifique, 1986, p. 105.

-FANDJIP (O), « Bilan de la cour de justice à la naissance d'une cour des comptes dans l'espace CEMAC : regard sur le droit à un procès équitable », *RRJ*, n° 2/2012, p. 1557.

-FANDJIP (O), « Les "citations directes" en droit camerounais du contentieux administratif », *Jurisdoctoria*, Université Paris I-Panthéon-Sorbonne, n° 8/2012, p. 131. Disponible sur le site : http://www.jurisdoctoria.net/numero8_juillet_2012.html, En ligne.

-FANDJIP (O), « Les immunités des organisations internationales et l'invasion des droits fondamentaux dans le droit international. Contribution à l'analyse des fondements et du sort des immunités des organisations internationales face à l'article 6 § 1er de la convention européenne des droits de l'homme dans la jurisprudence française et belge », *RRJ*, n° 2/2012, p. 629.

-FANDJIP (O), « Le juge administratif français face à l'urgence », *in* Charles-André Dubreuil (dir), *L'évolution du droit administratif en France et en Russie*, Paris, PUF, coll. « Thémis », 2016, p. 267.

-FANDJIP (O), « Le recours de tutelle dans le contentieux des actes des autorités municipales au Cameroun : entre consécration législative et incertitudes jurisprudentielles », *Les Annales de Droit*, Presses universitaires de Rouen et du Havre, n° 7/2013, p. 93.

-FANDJIP (O), « Le renforcement des conditions d'accès au juge dans le nouveau code français de justice administrative : le cas de la décision préalable », *Revue juridique de l'Ouest*, université Rennes 1, n° 1/2017, p. 25.

-FANDJIP (O), « Les décrets des 15 mars et 18 avril 2012 ou l'effectivité d'une réforme et la résurgence des problématiques de l'accès et de l'autonomie de la justice administrative au Cameroun », *RJP*, n° 1/2013, p. 60.

-FOUDA (G), « L'accès au droit : richesse et fécondité d'un principe pour la socialisation juridique et l'État de droit en Afrique noire francophone », *Revue électronique Afrilex*, n° 1/2000, p.4.

-FOUMANE AKAME (J), « Les grandes étapes de la construction juridique au Cameroun », *Penant*, n° 764/1978, p. 188.

-GOHIN (O), « Les procédures d'urgence dans le contentieux administratif général », *in* O. Gohin, (dir), *Les procédures d'urgences : approche comparative*, Paris, éd., Panthéon Assas, 2008, p. 153.

-GUIMDO DONGMO (B-R), « Le droit d'accès à la justice administrative au Cameroun. Contribution à l'étude d'un droit fondamental », *RRJ*, n° 1/2008, p. 453.

-JACQUELOT (F), « Droit au recours juridictionnel et régularisation des requêtes en contentieux administratif », *RRJ*, n° 1/2006, p. 213.

-JACQUOT (H), « Le contentieux administratif au Cameroun », *Revue camerounaise de droit*, n° 8/1975, p. 112.

-JOHN-NAMBO (J), « Quelques héritages de la justice coloniale en Afrique », *Droit et Société*, n° 51/52, 2002, p. 355.

-KAMTO (M), « La fonction administrative contentieuse de la Cour suprême du Cameroun », *Les Cours suprêmes et hautes juridictions d'Afrique*, Paris, Economica, 1988, p. 31.

-KAMTO (M), « Les mutations de la justice à la lumière du développement constitutionnel de 1996 », *Revue africaine des sciences juridiques*, n° 1/2000, vol. 1, p. 9.

-KANKEU (J), « L'autonomie des collectivités territoriales décentralisées : quelle autonomie ? », *Juridis Périodique*, n° 85/2011, p. 90.

-KEUTCHA TCHAPNGA (C) et TEUBOU (B), « Réflexions sur l'apport du législateur camerounais à l'évolution de la procédure administrative contentieuse de 1990 à 1997 », *Revue internationale de droit africain*, n° 45/2000, p. 61.

-KEUTCHA TCHAPNGA (C), « La réforme attendue du contentieux administratif au Cameroun », *Juridis Périodique*, n° 70/2007, p. 24

-KEUTCHA TCHAPNGA (C), « Le régime juridique du sursis à exécution dans la jurisprudence administrative camerounaise », *Juridis Périodique*, n° 38/1999, p. 83.

-KEUTCHA TCHAPNGA (C), « Les mutations récentes du droit administratif camerounais », *Juridis Périodique*, n° 41/2000, p. 75.

-KEUTCHA TCHAPNGA (C), « Notes sous CS/CA, Arrêt du 16 août 1990, Albert ONO NGAFOR c/ Etat du Cameroun (MINAT) », *Revue électronique Afrilex*, n° 5/2000, p. 269.

-KOUA (S.-E), « La réforme du contentieux administratif du 29 décembre 2006 au Cameroun : regard rétrospectif d'un auditeur de justice administrative », *Revue africaine de sciences juridiques*, n° 2/2015, p. 156.

-KWAHOU (S), « L'état de la jurisprudence gabonaise en matière de responsabilité de l'administration », *RJP*, n° 3/2016, p. 379.

-LABETOULLE (D), « Débats », *in* P. Wachsman, (dir), *Le nouveau juge des référés. Réflexions sur la réforme opérée par la loi du 30 juin 2000*, Presses universitaires de Strasbourg, 2002, p. 83.

-LASSERRE (B) et S. BOISSARD (S), « Recours », *Répertoire Dalloz, contentieux administratif*, novembre 2001, En ligne.

-LIBOUYE YEM (C), « Le problème de la détermination de l'autorité habilitée à recevoir le recours gracieux préalable lorsque les collectivités et établissements publics sont en cause », *Lex Lata*, n° 14/1995, p. 3.

-LOUVARIS (A), « Introduction de l'instance. Recours administratifs préalables », *JurisClasseur, justice administrative*, fascicule 41, mai 2002, En ligne.

-MANGIN (G), « Les structures de l'appareil juridictionnel », Dakar, *Encyclopédie juridique de l'Afrique*, t. 1, 1982, p. 247.

-MARKUS (J.-P), « Le droit administratif africain à la recherche de ses propres modèles », *in* M. ONDOA, P.-E. ABANE ENGOLO (dir), *Les transformations contemporaines du droit public en Afrique*, Paris, L'Harmattan, 2018, p. 34.

-MESCHERIAKOFF (A-S), « Le régime juridique du recours gracieux préalable dans la jurisprudence administrative camerounaise », *Revue camerounaise de droit*, numéro 15 et 16, série 2, 1978, p. 42.

-METENBOU (M), « Le sursis de paiement et le sursis à exécution dans le contentieux de l'imposition au Cameroun », *Annales de la faculté des sciences juridiques et politiques de l'Université de Dschang*, Yaoundé, Presses universitaires d'Afrique, t. 1, vol. 2, 1997, p. 51.

-MICHEL (J), « Les recours administratifs gracieux, hiérarchiques et de tutelle », *La documentation française*, Paris, 1996, p. 75.

-MICHELET (E), « La conciliation dans la procédure sénégalaise », *Penant*, n° 767/1980, p. 135.

-MOUDOUDOU (P), « Les tendances du droit administratif dans les États d'Afrique francophone », *RJP*, n° 1/2010, p. 74.

-MPESSA (A), « Le contentieux de la caisse nationale de prévoyance sociale devant le juge administratif camerounais », *Juridis Périodique*, n° 89/2012, p. 71.

-NDJOCK (J-A), « La décentralisation territoriale au Cameroun », *Revue internationale de droit africain* n° 87/2010, p.10.

-NGUEMEGNE (J-P), « Réflexion sur l'usage et le respect des droits de l'homme au Cameroun : le droit de vote depuis 1990 », *Vers une société de droit en Afrique centrale (1990-2000)*, Yaoundé, Presses de l'Université Catholique d'Afrique Centrale, 2001, p. 152.

-NJOCKE (H-C), « Juridiction administrative : une réforme inachevée », *Juridis Périodique*, n° 74/2008, p. 49.

-NJOCKE (H-C), « Le juge administratif camerounais est-il dans le maquis ? », *Revue Internationale de Droit Africain*, n° 70/2006, p. 31.

-NTONGA BOMBA (S-V), « La répartition des compétences en matière administrative au Cameroun de 1972 à 2009 », *Cahiers juridiques et politiques, faculté des sciences juridiques et politiques de l'Université de Ngaoundéré*, 2009, p. 303.

-OLINGA (A-D), « L'article 67 de la Constitution », *Lex Lata*, n° 33/1997, p. 3.

-ONDOUA (A), « Pour une lecture orthodoxe de l'ordonnance de la Cour suprême n° 01/OSE/CCA/CS/2009 du 23 janvier 2009, Social Democratic Front (SDF) c. Etat du Cameroun », disponible sur le site http://www.google.fr/search, dernière consultation mai 2012. En ligne.

-OWONA (J), « L'essor du constitutionnalisme rédhibitoire en Afrique noire. Étude de quelques Constitutions Janus », *Mélanges, Pierre- François Gonidec*, Paris, LGDJ, 1985, p. 236.

-PACTEAU (B), « Colonisation et justice administrative », *in* Le *Conseil d'État et l'évolution de l'outremer français du XVIIe siècle à 1962*, Paris, Dalloz, 2007, p. 49-71.

-PAMBOU TCHIVOUNDA (G), « note sous CS/CA, 28 mars 1986, *Ignace Bibang* », *Penant*, 1986, p. 136.

-PIETTE-COUDOL (T), « Les recours aux moyens électroniques dans la procédure civile, pénale et administrative », Communication commerce électronique, 2009, Étude 24, En ligne.

-PONTIER (J-M), « La décentralisation et le temps », *RDP*, 1991, p. 1226.

-PONTIER (J-M), « Le droit administratif français », *in* C.-A. Dubreuil (dir), *L'évolution du droit administratif en France et en Russie*, Paris, PUF, coll. «Thémis/Essais », 2016, p. 9.

-REMONDO (M), « La Cour constitutionnelle gabonaise », *Penant*, n° 813/1993, p. 275.

-RENOUX (T-S), « Le droit au recours juridictionnel », *Jurisclasseur périodique*, 1993, I, n° 3675, En ligne.

-RICHER (L), « Un problème de coordination au sein de la juridiction administrative », *AJDA*, 1992, p. 205.

-RIVERO (J), « La réforme du contentieux administratif », *RDP*, 1953, p. 926.

-ROUSSEAU (D), « La QPC, quels changements pour le droit ? », *in* R. Cabrillac (dir), *Quel avenir pour le modèle juridique français dans le monde ?*, Paris, Economica, coll. « Études juridiques », 2011, p. 61.

-ROUSSET (M), « Le contentieux administratif au Maroc. Des juridictions françaises à l'unification des tribunaux », *Annuaire de l'Afrique du Nord*, 1965, p. 117.

-SALL (A), « Le sursis à exécution des décisions administratives dans la jurisprudence sénégalaise », *Revue internationale de droit africain*, n° 86/2010, p. 9.

-SAUVE (J-M), « Bilan d'une réforme », *in* C. Teitgen- Colly (dir), *Perspectives contentieuses des réformes de la justice administrative*, Paris, LGDJ, coll. « Systèmes-Droit », 2011, p. 33.

-SAUVE (J-M), « Le juge administratif face au défi de l'efficacité. Retours sur les pertinents propos d'un Huron au Palais royal et sur la "critique managériale" », *RFDA*, n° 4/2012, p. 613.

-SIETCHOUA DJUITCHOKO (C), « Introduction au contentieux des élections législatives camerounaises devant la Cour suprême statuant comme Conseil constitutionnel », *Juridis Périodique*, n° 50/2002, p. 81.

-SIETCHOUA DJUITCHOKO (C), « L'autonomie du recours en cassation en contentieux administratif au Cameroun (À propos de la réforme récente du contentieux administratif) », *Juridis Périodique*, n° 82/2010, p. 77 et n° 83/2010, p. 65.

-SIETCHOUA DJUITCHOKO (C), « La difficile gestation des juridictions inférieures des comptes au Cameroun », *Juridis Périodique*, n° 68/2006, p. 101.

-SIETCHOUA DJUITCHOKO (C), « Perspectives ouvertes à la juridiction administrative du Cameroun par la loi n° 96/06 du 18 janvier 1996 portant révision de la Constitution du 02 juin 1972 », *Annales de la faculté des sciences juridiques et politiques de l'Université de Dschang*, Yaoundé, Presses universitaires d'Afrique, t. 1, vol 1, 1997, p. 162.

-SIETCHOUA DJUITCHOKO (C), « Recherches sur la concession en droit administratif camerounais dans le contexte de libéralisation économique de la fin du XXe s », *Revue internationale de droit africain*, n° 56/2003, p. 7.

- SOUVIGNET (X), « *L'accès au droit, Principe du droit, principe de droit* », *Jurisdoctoria*, n° 1/2008, p. 23 et 26.

-TAMA (J-N), « Théorie et pratique juridique de la décentralisation administrative dans l'espace francophone : approche et analyse comparatives à partir des exemples du Bénin, du Mali et du Cameroun », *RJP*, n° 3/2010, p. 399.

-TCHAKOUA (J-M), « Le législateur se fout-il de la constitution ? À propos de la loi relative au contentieux lié à l'emploi temporaire dans la fonction publique et de la loi portant dissolution du fonds de garantie automobile », *Juridis Périodique*, n° 82/2010, p. 121.

-TRUCHET (D), « Recours administratifs », *Répertoire Dalloz, contentieux administratif*, octobre 2000, p. 17.

-VERPEAUX (M), « Le juge administratif et la question préjudicielle de constitutionnalité », *in* C. Teitgen-Colly (dir), *Perspectives contentieuses des réformes de la justice administrative*, Paris, LGDJ, coll. « Systèmes droit », 2011, p. 78.

-WALINE: « L'évolution du contrôle de l'administration depuis un siècle », *RDP*, 1984, p. 1327.

-YEDOH LATH (S), « Les caractères du droit administratif des États africains de succession française. Vers un droit administratif africain francophone ? », *RDP*, n° 5/2011, p. 1255.

-ZE (M-P), « Réflexions sur la réforme de la justice administrative au Cameroun », *Revue internationale de droit africain*, n° 89/2011, p. 55.

C- Jurisprudence

-CFJ/SCAY, arrêt n° 47, 30 avril 1968, *Mbassi Medjo Nicolas c/ État du Cameroun.*

-CS/AP arrêt du 24 mars 1983, *Njikiakam Towa c/ État du Cameroun.*

-CS/CA, jugement n° 117 du 30 novembre 1995, *Mahamadou Bachirou c/ Commune urbaine de Ngaoundéré*

-CS/CA, jugement n° 41du 29 juillet 1999, *Ladzou David c/État du Cameroun*

-CS/CA, ordonnance du 07 décembre 2000, *Mama Biloa Sandrine c/ Université de Ngaoundéré*

-CS/CA, jugement n° 27/2002-2003 du 28 novembre 2002, *Pemité Jean Calixte c/ Communauté urbaine de Douala.*

-CS/CA, ordonnance de référé n° 06 du 08 décembre 1998, *Sosso Emmanuel c/ Crédit Foncier du Cameroun.*

-CS/CA, ordonnance n° 01 du 23 janvier 2009, *SDF c/ État du Cameroun.*

-CS/PCA/91-92, ordonnance n° 439/91-92 du 9 avril 1992, *Union nationale camerounaise (Stanley Akwote Akondi) c/ État du Cameroun.*

-CS/CA, jugement n°50 du 27 mai 1982, *Tsobgny Panka c/ État du Cameroun.*

-CS/CA, jugement n° 153/2011/CA/CS du 15 juin 2011, *Dame veuve Fonkoua née Meidié Augustine contre État du Cameroun.*

-CS/CA, jugement n° 44/88-89 du 15 mai 1989, *Tiamago Boniface c/ État du Cameroun(Minfi).*

-CS/CA (Gabon), arrêt du 26 juin 1987, *Ognane Patrice c/ État gabonais*, répertoire n° 16.

-CS/CA, jugement n° 66/CA/CS du 18 juin 2008, *Entreprise des travaux d'hydraulique et de génie civil c/ communauté urbaine de Yaoundé.*

-CS/CA, jugement n° 53 du 25 juin 1992, *Tah Thomas c/ État du Cameroun.*

-CS/CA, jugement n° 90/2008 du 13 août 2008, *Kwanya Nganwa André Richard c/ communauté urbaine de Douala.*

-CS/CA, jugement n° 181/2007/CE, 29 août 2007, *Silatchom Pierre c/ État du Cameroun.*

-CS/CA, jugement n° 107/06-07/CE, 10 février 2007, *Enoh Dieudonné c/ État du Cameroun.*

-CS/CA, jugement n° 52 du 20 février 2007, *Njooh Michel Pierrot c/ État du Cameroun.*

-CS/CA ordonnance n° 5 du 26 mars 2009, *Fonkoua Célestin, c/ communauté urbaine de Yaoundé.*

-CS/CA, ordonnance n° 9 du 18 février 2009, *Fotso Foumtsé Omer c/ communauté urbaine de Yaoundé.*

-CS/CA, jugement n° 77/2011, 23 mars 2011, *Onomo Owona Ferdinand c/Mindaf.*

-CS/CA, ordonnance de sursis, n° 70, 30 août 2010, *Ondoa Jean-Jacques c/ Mindaf.*

-CE, 8 juil. 1970, *Sieur Andy*, n° 72891, *Rec.*, p. 470.

- TA du Littoral, jugement n° 58/qd/17, 02 février 2017, *Pr Henri Désiré Modi Koko Bebey c/ État du Cameroun*

-T. E, arrêt n° 296/T.E. du 24 août 1963, *Dame Beloui Veron.*

TABLE

Chapitre 2

Chapitre 2

DROIT

AUX ÉDITIONS L'HARMATTAN

Dernières parutions

LE RAPPORT DU DROIT ADMINISTRATIF NATIONAL AUX DROITS ADMINISTRATIFS ÉTRANGERS

Les cas de la France et de l'Espagne

Anna Neyrat

Préface de Fabrice Melleray

Les droits administratifs français et espagnol sont souvent présentés comme des idéaux types opposés dans leur rapport aux droits administratifs étrangers. Comme exportateur, le droit administratif français considère ses homologues étrangers comme un réceptacle de son influence ; comme importateur, le droit administratif espagnol les envisage comme source de son enrichissement. Si une telle présentation repose sur des raisons temporelles et culturelles qui ont fait du droit administratif français un modèle et de l'espagnol un imitateur, elle se révèle partiellement inexacte. Elle est notamment dépassée à l'heure de la globalisation. Cette recherche invite à poser un regard différent sur ces présupposés.

(Coll. Logiques Juridiques, 680 p., 49 euros)

ISBN : 978-2-343-16682-7, EAN EBOOK : 9782140114588

DROITS FONDAMENTAUX ET CRISE(S) DES SOLIDARITÉS

Fabien Bottini

La solidarité renvoie aux liens sociaux qui font le ciment d'une communauté. Si c'est pourquoi il semble plus juste de parler de solidarités au pluriel, l'Etat a pendant longtemps été leur garant au travers des droits sociaux fondamentaux. Mais le constat s'impose : des débats qui ont agité la réforme du droit du travail à ceux qui portent sur les régimes de retraites en passant par la crise des migrants ; des hésitations sur la place des territoires et de l'Union européenne dans la mise en oeuvre des politiques sociales à l'apparition d'un droit constitutionnel économique... Les interrogations ne manquent pas quant à savoir si ces droits fondamentaux parviennent encore à faire la solidarité. Si crises il y a, signent-elles la fin de l'âge d'or de la solidarité ou sa mutation ?

(Coll. Le Droit aujourd'hui, 276 p., 28,5 euros)

ISBN : 978-2-343-16201-0, EAN EBOOK : 9782140114274

DÉCLARATION DES DROITS DE L'HOMME ET DU CITOYEN

Postérité et actualité

Remi Puigventos

Responsables scientifiques : Jimmy Meersman et Rémi Puigventos

Le 26 août 1789, l'Assemblée constituante adopte les derniers articles du texte de la Déclaration des droits de l'homme et du citoyen qui, traversant les siècles, deviendra l'un des textes fondamentaux de la Cinquième République. Si la Déclaration de 1789 est l'une des pierres angulaires de la garantie des droits de l'homme, l'étude de sa postérité et de son actualité interroge. Le présent ouvrage contribue à en dévoiler les éléments les plus essentiels au travers d'une douzaine de contributions.

(Coll. Droit privé et sciences criminelles, 238 p., 25 euros)

ISBN : 978-2-343-16359-8, EAN EBOOK : 9782140112164

ANNUAIRE DES ENGAGEMENTS INTERNATIONAUX AYANT FAIT L'OBJET D'UNE LOI D'AUTORISATION SOUS LA VE RÉPUBLIQUE

Didier Jamot

Au cours de la Ve République, près de 2000 engagements internationaux ont fait l'objet d'une loi d'autorisation. Dans les années 1960, seulement 22% des lois votés par le Parlement avaient pour objet la ratification ou l'approbation de tels engagements, alors que désormais 40% des lois visent un tel objectif. Par conséquent, le nombre de normes internationales intégrées au droit interne est considérable. Mais leur importance n'est pas seulement quantitative : tout engagement international régulièrement ratifié et publié s'impose au législateur. Aucune loi ne peut ainsi lui être contraire. Par ailleurs, les conventions internationales embrassant l'ensemble des matières juridiques, plus aucune activité humaine n'échappe aux droits et obligations prévus par les conventions. Cet annuaire recense enfin ces engagements internationaux avec des index thématiques et par pays signataire.

(Coll. Logiques Juridiques, 432 p., 42 euros)

ISBN : 978-2-343-16237-9, EAN EBOOK : 9782140112089

LES TITRES DE NOBLESSE DE LA VICTIME DEVANT LA COUR PÉNALE INTERNATIONALE

Guy David Mbara A Betsem

Préface de Gilbert Bitti - Avant-propos de Jean Claude Tcheuwa

La victime a longtemps été tenue à l'écart du procès devant les juridictions pénales internationales d'avant le début du XIXè siècle. Depuis l'avènement de la Cour pénale internationale (CPI), la victime est désormais admise dans le procès pénal. Ces droits, qui ne sont autres que des titres de noblesse, confèrent donc des privilèges permettant à la victime d'accéder à une justice pénale internationale très sélective, mais surtout réservée à une certaine catégorie de personnes. La CPI pose la problématique du rôle de l'État dans la mise en oeuvre des droits des victimes.

(242 p., 25,5 euros)

ISBN : 978-2-343-16718-3, EAN EBOOK : 9782140111631

MÉDIATION ET ENTREPRISES

Regards croisés Droit et Gestion

Responsables scientifiques : Gulsen Yildirim, Isabelle Sauviat et Romain Dumas.

Textes réunis par Romain Dumas

La médiation, mode alternatif de résolution des différends, est un mécanisme désormais bien connu en Droit. L'entreprise apparaît comme l'un des lieux privilégiés de son application et ce, qu'il s'agisse d'aplanir un différend tant dans ses relations internes qu'externes. Toutefois, à la différence du Droit, le concept de médiation apparaît beaucoup moins familier en Sciences de gestion. C'est cette interaction singulière entre Droit et Gestion qui permet de mesurer la place réelle de la médiation dans les entreprises et les organisations. Entre acclimatation à parfaite et hostilité, un équilibre est possible afin qu'elle devienne un outil efficace.

(Coll. Droit privé et sciences criminelles, 142 p., 16,5 euros)

ISBN : 978-2-343-16643-8, EAN EBOOK : 9782140111556

PHÉNOMÈNE DISCIPLINAIRE DANS LE DROIT PUBLIC HELLÉNIQUE CONTEMPORAIN

Sotirios Lytras

Attachée constamment à l'idée que la notion de discipline concernait en principe les relations entre les ensembles organisés et leurs agents, la théorie traditionnelle du droit public a laissé hors de son attention des domaines entiers de la vie publique. Parue en grec en 1989, cette étude a pu montrer qu'en droit positif hellénique le phénomène disciplinaire a manifesté sa présence forte dans des relations entre ensembles publics et des personnes physiques ou morales y étant rattachées. A travers ce phénomène, l'activité publique s'avère décisivement élargie.

(Coll. Logiques Juridiques, 262 p., 27 euros)

ISBN : 978-2-343-16125-9, EAN EBOOK : 9782140111310

RECEL ET BLANCHIMENT

Nouvelles sources de cumul de qualifications

Théo Touzeau

Préface de Gildas Roussel

A la lumière de la jurisprudence, la question de l'impossible cumul de l'infraction d'origine avec celle du recel de choses concernant un même auteur mérite de nouveau d'être posée. C'est que les juges de la Chambre criminelle, malgré leur opposition à ce cumul, ont depuis admis la condamnation d'un individu tant pour une première infraction que pour le blanchiment subséquent. Cette différence de traitement des deux infractions interroge nécessairement. Cet ouvrage, dressant le constat de la possibilité de dépasser les arguments qui fondent le rejet de « l'auto-recel », invite le lecteur à mettre de côté ses certitudes et à prendre position : rien ne semble s'opposer à l'admission du cumul de l'infraction d'origine et du recel de choses.

(Coll. Bibliothèques de droit, 138 p., 15,5 euros)

ISBN : 978-2-343-16624-7, EAN EBOOK : 9782140110962

LES LIENS ENTRE ÉTHIQUE ET DROIT

L'exemple de la question animale

Sous la direction de Lucille Boisseau-Sowinski et Delphine Tharaud

A priori distincts, le droit renvoyant à la régulation des comportements par la loi et l'éthique à la distinction entre bien et mal, ces deux domaines s'interpénètrent et se nourrissent, particulièrement sur la question animale. La réflexion sur l'éthique animale s'est amplifiée ces cinquante dernières années et a conduit à une prise en compte des intérêts et de la qualité d'êtres vivants des animaux. Le droit s'en est fait l'écho. Pour autant, cette dynamique n'est pas si évidente : quelles théories peuvent inspirer le droit ?

(Coll. Le Droit aujourd'hui, 176 p., 18,5 euros)

ISBN : 978-2-343-16449-6, EAN EBOOK : 9782140109553

CORRUPTION ET DROIT PÉNAL

Sous la direction de Jean-Paul Céré et Carlos Eduardo Japiassu

Le thème de la corruption a traversé le temps. L'intérêt du droit pénal est cependant renouvelé par les nombreuses affaires médiatisées qui gangrènent la vie politique et le monde des affaires dans de nombreux pays. L'arsenal législatif interne cherche à s'adapter sous l'effet des multiples textes qui ont vu le jour à l'échelle internationale et régionale. Une nette tendance à l'harmonisation des législations criminelles anti-corruption est perceptible. Cet ouvrage permet de saisir la diversité du phénomène dans sa dimension criminologique et juridique.

(Coll. Comité international des pénalistes francophones, 238 p., 24,5 euros)

ISBN : 978-2-343-16153-2, EAN EBOOK : 9782140109850

JUSTICE CONSTITUTIONNELLE ET SUBSIDIARITÉ

L'apport de l'expérience canadienne pour la construction européenne

Claire Aguilon

La précision des critères d'application de la subsidiarité et le développement de son contrôle par l'Union européenne constituent un progrès vers un plus grand respect du principe selon lequel l'UE, lorsqu'elle intervient dans une compétence partagée avec les Etats-membres, doit établir la plus-value d'une action à son niveau pour atteindre l'objectif visé. L'étude de la jurisprudence de la Cour de justice de l'UE montre ses réticences à un contrôle allant au-delà de la recherche d'une motivation formelle de la nécessité de l'intervention européenne. En droit canadien, la subsidiarité éclaire sous un jour nouveau la clause de commerce ou la doctrine de l'intérêt national.

(Coll. Logiques Juridiques, 460 p., 40 euros)

ISBN : 978-2-343-15311-7, EAN EBOOK : 9782140109522

UN COMBAT POUR LA PAIX

Récit

Nouvelle édition revue et augmentée

Daniel Lagot

Alors qu'il s'est refusé jusque-là à tout engagement devant la fragilité des choses humaines, un homme découvre l'amour et s'engage, avec la femme à ses côtés, dans un combat pour le droit, la justice et la paix. Après l'enthousiasme initial, les tensions et dilemmes vont se développer, en particulier lors des guerres en Libye et en Syrie. Comme dans une tragédie grecque, ces tensions conduiront les personnages à leur destin. Le récit est en partie romancé, mais est directement inspiré d'histoires et de faits réels. Face aux drames et menaces pesant sur l'humanité, doit-on céder au pessimisme ou conserver l'espoir ?

(Coll. Les Impliqués, 152 p., 16,5 euros)

ISBN : 978-2-343-16114-3, EAN EBOOK : 9782140109409

Structures éditoriales du groupe L'Harmattan

L'Harmattan Italie
Via degli Artisti, 15
10124 Torino
harmattan.italia@gmail.com

L'Harmattan Hongrie
Kossuth l. u. 14-16.
1053 Budapest
harmattan@harmattan.hu

L'Harmattan Sénégal
10 VDN en face Mermoz
BP 45034 Dakar-Fann
senharmattan@gmail.com

L'Harmattan Cameroun
TSINGA/FECAFOOT
BP 11486 Yaoundé
inkoukam@gmail.com

L'Harmattan Burkina Faso
Achille Somé – tengnule@hotmail.fr

L'Harmattan Guinée
Almamya, rue KA 028 OKB Agency
BP 3470 Conakry
harmattanguinee@yahoo.fr

L'Harmattan RDC
185, avenue Nyangwe
Commune de Lingwala – Kinshasa
matangilamusadila@yahoo.fr

L'Harmattan Congo
67, boulevard Denis-Sassou-N'Guesso
BP 2874 Brazzaville
harmattan.congo@yahoo.fr

L'Harmattan Mali
Sirakoro-Meguetana V31
Bamako
syllaka@yahoo.fr

L'Harmattan Togo
Djidjole – Lomé
Maison Amela
face EPP BATOME
ddamela@aol.com

L'Harmattan Côte d'Ivoire
Résidence Karl – Cité des Arts
Abidjan-Cocody
03 BP 1588 Abidjan
espace_harmattan.ci@hotmail.fr

L'Harmattan Algérie
22, rue Moulay-Mohamed
31000 Oran
info2@harmattan-algerie.com

L'Harmattan Maroc
5, rue Ferrane-Kouicha, Talaâ-Elkbira
Chrableyine, Fès-Médine
30000 Fès
harmattan.maroc@gmail.com

Nos librairies en France

Librairie internationale
16, rue des Écoles – 75005 Paris
librairie.internationale@harmattan.fr
01 40 46 79 11
www.librairieharmattan.com

Librairie l'Espace Harmattan
21 bis, rue des Écoles – 75005 Paris
librairie.espace@harmattan.fr
01 43 29 49 42

Lib. sciences humaines & histoire
21, rue des Écoles – 75005 Paris
librairie.sh@harmattan.fr
01 46 34 13 71
www.librairieharmattansh.com

Lib. Méditerranée & Moyen-Orient
7, rue des Carmes – 75005 Paris
librairie.mediterranee@harmattan.fr
01 43 29 71 15

Librairie Le Lucernaire
53, rue Notre-Dame-des-Champs – 75006 Paris
librairie@lucernaire.fr
01 42 22 67 13

www.ingramcontent.com/pod-product-compliance
Lightning Source LLC
LaVergne TN
LVHW010953061026
849535LV00006B/1700